経済のことはみんなマーケットで学んだ

外資で働き、金融で成功する法

藤巻健史

徳間書店

TOKUMA POCKET
徳間ポケット

はじめに

モルガン銀行時代、退職した部下が2年後に訪問してきて、こう言いました。

「藤巻さん、まだ勤めていたのですか？　運が良いうちに早くリタイアした方がよくありませんか？」

当時、日本人では唯一の外資系銀行の東京支店長にまで昇進したことを、「運のせいだ」と部下に決め付けられたのは情けないことでした。「実力だ」と大声で叫びたいと思いました。しかし、**確かに運が良かったことは認めざるを得ません。**だからといって、この場で「皆さんの将来はすべて、運いかんですよ」と申し上げる気は毛頭ありません。**私だって、全てを運任せにしたわけではなく、運を引き寄せる努力を大いにしたからです。**

終身雇用制、真っ盛りの時期に、「清水の舞台から三度飛び降りるつもり」で11年勤めた三井信託銀行から米銀のモルガン銀行に転職したこと。ディーラーとして抜群の実績を認められ、当時、東京市場で唯一の日本人支店長になった経験。そしてヘッジファンドの雄・ジョージ・ソロスのアドバイザーになってからの挫折等、サラリーマンとしては波瀾万丈だった職業人生をこの本ではお話ししたいと思います。それによって、学生諸君や社会人になったばかりの若者に、「社会に出るとはどういうことか」「プロ魂とはどういうことか」「金融界で働く面白さとは何か」「日本の常識は、世界の常識なのか」「私は若者にどういう日本を作って欲しいと思っているのか」等を理解していただきたいと思っています。

普通の人でも、満足できる職業人生が送れる！

私は、教訓を垂れるような大それた人物ではありません。ですから説教じみたことを言うつもりはありません。ただ私自身の体験を通じて、若者に何かを伝えられればいいなと思うだけなのです。

また日本には、フェイスブックCEOのマーク・ザッカーバーグ氏のように若くして成功した、若者にとっての憧れの対象が身近に存在しません。それが閉塞感の一つの原因にもなっていると思います。

身近に成功例がないので若者が憧れを持てない。もしいれば、よし「僕も！ 私も！」と頑張れると思うのです。

もちろん、私はマーク・ザッカーバーグ氏に比べると、成功の度合いがとんでもなく小さいです。背も低く、単なるしょぼくれた、ちんけなお爺さんで、若者の憧れになるには程遠い人間です。でも「日本人のビジネスマンの中では非常に満足のいく職業人生を歩めた」人間ではあると思います。スケールはあまりに小さいのですが、他に日本人では書く人がいないのですから、しょうがありません。

それに私は、人より多少「頑張り屋だ」ということと、「負けず嫌いだ」ということ以外は、全く普通の人です。頭脳的な天才でも、家が特別豊かだったわけでも何でもありません。でも、満足がいく職業人生が送れたのです。**若者には、それを発奮の材料にしていただきたいと思います。**

日本経済新聞の最終面にある「私の履歴書」は「ものすごく面白い連載」と「自慢ばかりで嫌になってしまう連載」と完璧に二分類されますが、後者にならないよう気をつけたいと思います。私は気をつけないと、すぐ自慢話をしてしまうんで（笑）。

＊この本の挿絵は我が妹の岡久美子に依頼しました。彼女は挿絵や漫画のプロではないのですが、私の生活や性質を熟知している人間です。お楽しみください。

経済のことはみんなマーケットで学んだ

外資で働き、金融で成功する法

目次

装丁／井上新八
本文デザイン／川畑サユリ（ｆｏｃｏ）
カバー撮影／栗原克己
イラスト／岡久美子

1 ディーラーの基礎は浪人時代にあり

世の中に絶対はない、を痛感した「東大入試の中止」

私は昭和44年に東京教育大学附属高校（現筑波大附属）を卒業しました。実はその年は東大紛争で東大と東京教育大（4学部）の入学試験が中止になった年なのです。東大安田講堂の攻防戦を「こんなの実況中継するんだ。面白いな～」などとテレビで見ていたら、突然、東大受験がなくなってしまったのです。私も、一応は東大を受験するつもりだったので、そのニュースを聞いた時はびっくり仰天してしまいました。

ただ、私の高校は「現役の時は記念受験で東大を受ける」のが慣習で、一浪を「ヒトナミ」と呼んでいたくらいですから、ただびっくりするだけで、それほどのショックはありませんでした。校内模試からしても、まず現役で東大に受かるはずはありませんでしたしね。そこで多くの人にならって、一橋大を受けました。

その年、東京の住人で東大受験を予定していた人は、文系なら主として京大か一橋大、理系なら京大か東工大でした。後は旧帝大を何人か受験、という感じだったのです。

ということで、実は私、竹中平蔵元大臣と受験同期生です。結果、彼は一橋大学、私は一橋学院です。同じ一橋でもえらい違いです。なぜなら私の進んだ一橋学院の方は予備校なのですから。

国立では一番定員の多い東大の入試がなくなってしまったのですから、たまったものではありません。昭和44年2月11日の朝日新聞を今でも取ってありますが、1面トップの記事は「国立大（1期校）激しい競争率」サブタイトルは「願書締め切る　一橋・千葉は激増」です。私は現役だからよかったものの浪人生は大変でした。全国学園新聞という新聞の昭和44年2月8日版によれば「東大入試中止による東大志願者の地滑り現象は、現役受験生はもちろんのこと、浪人受験生にとってはまさに剣が峰に立たされたようなもの」とあります。

私にとっては「想像だにしない出来事が起こり得る」という最初の経験でした。世の中に絶対はないのです。最近では原発事故がそうです。若いうちには信じられなくても、長

い人生、何度か、こういうことが起こるものです。

案の定、一橋大は1次試験で落ちました。1次試験は数学と英語だけで両方ともほぼ満点でなければいけないと言われていたのに、数学が7問中3問しか出来なかったのです。

発表の日のことはよく覚えています。999番と1001番はあったのですが、私の受験番号の1000番はなかったのです。級友の皆に「残念だったな」と言われました。今でも私はおしゃべりです。自分のブログに中学時代の成績を開示した時には「日本企業のように何でも隠す体質と比べればすばらしいことだ。しかし、あれだけ開示するのはフル××で町を歩くようなものだぞ」と言われたことさえあります。……このような性格でしたから、級友に「私の受験番号は1000番」を吹聴していたのです。級友は、皆、自分の合否を確認した後、ついでに私の番号も、チェックしていたのです。1000番、覚えやすいですからね。余計なお世話だ！と思いますけどね（笑）。

もっとも同級生の8割が1次試験で落ちたので、さほどショックはありませんでした。

真のユーモアを教えてくれた「予備校不合格」

ショックを受けたのは、駿台予備校の試験に落ちた時です。今は知りませんが、当時、我々の高校は、現役の時は東大を記念受験（もちろん何人かは現役合格します）をし、駿台で実力をつけて一浪後に東大入学という人が多かったのです。

もちろん駿台の「前文」（文科系の場合）という3つのクラスの内の最上級クラスに入って、というのが前提です。東大を目指すくらいの人は、「前文」クラスに入れないわけがなかったのです。ところが私は、「前文」クラスに合格できませんでした。それどころか、2番目の「全総」というクラスも落ちてしまいました。最低クラスの「特文」クラスにしか入れなかったのです。一橋の1次を落ちた級友たちは皆、「前文」クラスには入っているのに、私は「特文」にしか入れなかったのです。「恥ずかしい」と思うと同時に、自分の実力のなさを認識し、一橋大の受験に定評があった一橋学院に進学先（？）を変更しました。

ちなみに、一橋学院入学式の学院長の「皆さん、入学おめでとうございます」という祝辞は印象的でしたね。**私の人生で聞いたブラックユーモアの中でも大好きなものの一つです。「どんな時でもユーモアを忘れてはいけない。ユーモアは心の余裕である」というメッセージだと、私は勝手に解釈しています。**

フジマキ理論

ユーモアは心の余裕である。
どんなときにも忘れてはいけない

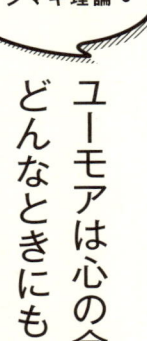

人生において、失敗はプラスである

後から考えると「この駿台に落ちた」のが、私の人生にとっては良かったのだと思います。初めて「受験とは甘いものではない、と気づいた」のです。心を入れ替えて勉強しました。1日15時間は勉強しましたかね。駿台「前文」に入っていたら、のんびり勉強し、何度も浪人を繰り返していたことだろうと思います。

失敗したからこそ発奮して頑張ったという例はよく聞きます。

私の知人である日銀元幹部の方は学芸大学附属高校のすぐ近くに住んでいました。通っていた中学校は学芸大学附属です。

東京学芸大学に附属高校は1つですが、附属中学は4つもあります。ですから附属中学生全員が附属高校に進学できるわけではないのです。彼も附属高校には進学できず、都立高校に進学しました。ところが同級生だったガールフレンドの方は、成績優秀で附属高校に進学出来たそうです。そこでなんとなく気まずくなって別れてしまったそうです。

彼の家は附属高校の真裏ですから、都立高校通学のために学芸大学駅に向かう途中で、毎朝、元ガールフレンドの彼女とすれ違います。そんな毎日が悔しくて猛勉強した彼は、東大に合格し、そして日銀に入行したそうです。彼は言っていました。「もしあのまま附属高校に進学していたら、僕のことだから、人生を甘く見て東大には入れなかったと思う」と。**失敗は長い人生を考えると、決してマイナスではないのです。**

ディーラーという仕事など、失敗の連続です。失敗した時、精神的に耐えられるか否かの方が重要なのです。「もう人生おしまいだ！」と昔、落ち込んだことでも、後から思い出すと笑い話にさえなってしまいます。若いうちは目標に向かって最善を尽くすことは極めて重要ですが、失敗しても絶望してはいけません。失敗を恐れてチャレンジしないことの方が問題です。私は「人事を尽くして天命を待つ」という言葉が大好きです。

先ほど東大受験がなかったという話をしましたが、今のテニス仲間に、東大入試を中止に追いやった張本人の一人のお医者様がいます。テニスの試合で負けるたびに「先生のおかげで東大進学できなかった！」と文句を言うことにしています。毎回「ごめん、ごめん、受験生のことまで考えなかったよ」との回答で笑い合うのです。

当時は真っ青になった事件でさえ、時がたてば笑い合えるのです。1回や2回失敗したって大したことありません。

フジマキ理論

失敗しても絶望するな。時がたてば、必ず笑いになる

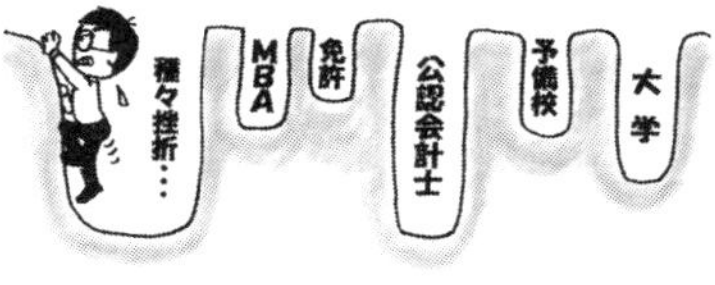

若いうちは、女性がモチベーションでもいい

学芸大学附属高校の裏に住んでいた元日銀幹部の方は、女性に振られたことがモチベーションになったという話をしましたが、それは私も同じです。

昔、長男・ケンタに若い頃の日記を見せたことがあります。そのときケンタが言いました。

「なんだ、お父さん、いつも、えらそうなことをなんやかんや言うけれども、人生、すべ

て女性で決めているじゃないか?!」

たしかにそうなのです。高校でテニスを始めたのも好きな女性がテニスをしていたから。東大を目指したのも好きな女性の尊敬を受けたいから。銀行を選んだのも女性がたくさんいて、いい奥さんを見つけられそうだから。唯一、これだけ成功しました（笑）。

長男・ケンタが高校の時、学校主催のカナダ旅行をドタキャンすると言い出したことがあります。「もったいないことするな。旅行代金返せ！」と親子喧嘩になりました。その話をオオニシ先輩にしたら「金を返せ！　なんて子供っぽい喧嘩をしたものだ。そういう時は『カナダには、マブい女性がたくさんいるぞ』と説得するんだよ」と諭されました（笑）。

ケンタにはその説得も通じませんでしたが、「女性」が人生のモチベーションというのは、私は悪いことではないと思っています。もちろん若い頃だけの話ですけどね。

昔、親友のコバヤシ君に「うちの子供たちは、あっちの方の目覚めが遅いんだ。ちょっと心配だ」と言ったら「それはそれでいいではないか。フジマキ自身は目覚めが早すぎたのに振られっぱなしで、いつもお預けを食らった犬のような顔をしていたからな」と言われたものです。

さて、浪人生活をして翌年、めでたく一橋大学合格。大学構内の公衆電話から、育ててくれた祖母に電話した時の感激は今でも忘れません。**努力が報われた！と思いました。**

祖母を亡くし、無常を感じた3年生の初夏

大学時代は、スキー部に入り5月の月山《がっさん》合宿を経験しましたが、すぐ挫折して退部しました。**自分は頑張り屋だと自負していますが、振り返ってみると、頑張り屋らしからぬところもあったようです。**

スキー部を辞めた後、大学でとくにこれをやったという記憶はありません。学生運動、真っ盛りの時代で、授業はないし、だからといって、何かをやりたいという強烈な目的も見つかりませんでした。無気力化していたのかもしれません。

若い頃は、女性がモチベーションだったと書きましたが、一橋大時代に周りに女性はいませんでした。当時、全学部合計で1年生は730人くらいでしたが、女性は全部で13名だけだったと記憶しています。高校時代の隣のクラスの女性が現役で入学し、1学年上に

いましたが、彼女にあいさつしようと思うと、男子学生の輪の外から、つま先立ちをして「オーイ」と呼びかけなくてはならないくらいでした(笑)。

2年生の終わりには、祖母が癌《がん》で入院しました。3歳で母が亡くなってから母に代わって私を育ててくれた祖母です。当時、「自分の人生の全て」と言っていいほどの存在だった優しい祖母が癌だと聞いたときのショックは、死ぬまで忘れないでしょう。祖母のいない生活など信じられませんでした。6か月間の看病生活はまさに不安と葛藤の日々でした。そして、3年生になった年の6月に祖母は亡くなりました。人生の無常を感じました。

「何を学ぶか」ではなく、「誰から学ぶか」が大事

大学3年になって、岡本ゼミ(岡本清博士/一橋大学名誉教授)に入りました。管理会計と原価計算のゼミです。特にこの辺の分野を勉強したかったわけではなく、岡本先生の授業が極めて情熱にあふれるものだったので、指導を受けたいと思ったのです。

私は、今でも「何を学ぶか」よりも「誰から学ぶか」のほうがより重要だと思っていま

す。それは学問だけではなく読書でも同じことが言えると思います。何が書いてあるかではなく、誰が書いたかが重要です。超一流の人の本を読むことです。超一流の人とは、その分野のプロから評価されているプロ中のプロのことです。と、聞いて私の本を読むのをやめないでくださいね(笑)。

岡本先生は、最初の授業で「人生はエネルギッシュに頑張れ」というようなことをおっしゃいました。授業もその通りエネルギッシュだったのです。授業にもほとんど出ず、なんとなく退廃感というか倦怠感にひたり始めていた時に岡本先生に会えたことは幸運でした。その後も他の授業にはほとんど出席しませんでしたが、岡本先生の授業とゼミは完璧に出ました。

岡本先生の授業態度は、その後の私の人生にかなり影響を与えたと思います。

私も講演会や大学の授業は、かなり情熱的にやっているつもりです。まさに岡本先生の教えのたまものです。**若い時にこういう先生に会うことはとても大切だと思います。ぜひ、大学時代にそういう先生を見つけてください。**

米国のビジネススクールの先生方と比べると、日本の大学教員の多くに欠けているのは、このエネルギッシュさではないかと思うのです。

フジマキ理論

超一流とは、プロから評価されているプロのことである

円安になれば、ものすごい売り手市場になる

就職は、当時、ものすごい売り手市場だったので、学生時代に就職の心配したことはありません。某大手商社には、１０９名受けて１０７名が内定をもらったという噂も流れていました。

学生諸君は、うらやましいと思うかもしれませんが、円安になれば、また同じような売り手市場になります。新卒で就職が出来なかったとしても、中途で人を採用しても、まだまだ人が足りない、という時代が来ると私は思っています。その辺はこの本の続編で書き

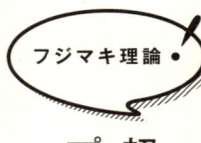

たいと思います。

当時の一橋大卒業生の９割以上が商社か銀行に就職していましたので、私もそのどちらかに行くものだと思っていました。「戦後は、はるか昔に終わった」といっても、まだそれほど豊かな時代ではありません。サラリーマンの息子はサラリーマンになる選択しかなく、どこの会社に入るかのみの選択だったのです。**就職しなければ食べてはいけなかったのです。**最近の学生諸君から「仕事が自分の生き方に合わないから辞める」とか「仕事が面白くないから辞める」とよく聞きます。冗談じゃありません。**仕事とは生きるための手段です。つらくて当たり前です。つらくて、嫌なことをするからこそ、お金をもらえるのです。**

楽しいことや、生きがいであるのなら、お金を払いなさい！　と私は言いたいです。「生きるために働く」、それだけの覚悟をしていない人は、採用担当者にすぐ見抜かれるでしょう。少なくとも私は採用しませんでした。

入社前に、仕事内容は徹底的に調べるべし！

大学2年の時、高校時代のスキーで痛めた半月板が割れ、その後2年間、座ると1か月は膝が伸びなくなるという不自由な生活を続けていました。

そこで4年の夏に半月板の手術をすることにしました。そんな状況でしたので、商社への就職はあきらめました。商社員とはアフリカの砂漠あたりを駆け回るような体力勝負の仕事だと信じていたからです。

今から思うと、仕事内容の情報が不足していました。私は銀行員になって、結果オーライだったのですが、単にラッキーなだけです。**当時は本当の仕事内容を伝える情報が足りなかったと思います。**

商社勤務が無理だったので銀行、ということになった私は、大学内の雰囲気に流された消去法的な職業選択をしたことになるわけです。あえて言えば、一橋大の前身である東京商大を出た祖父（藤巻太一）が朝鮮銀行の行員だったこともあり、銀行に対する抵抗感はなかったとは言えるかと思います。

朝鮮銀行は日韓併合時の朝鮮銀行法（日本法）に基づいて作られた日本の特殊銀行で、後に日本不動産銀行、日本債券信用銀行を経て、今ではあおぞら銀行がその財産を引き継いでいます。日本債券信用銀行が倒産した時は、そういう理由もあって、そのニュースを神妙な気持ちで聞いたものです。

小心者は、「緻密」という長所になる

私が生まれる前に祖父は亡くなっていたので、実際に顔を見たことはないのですが、写真で見ると結構かっこいいのです。アル・カポネ全盛時代にニューヨーク支店長でした。その時のセピア色の写真の中のの祖父が、いかにも古き良き時代の銀行員という風情でかっこいいのです。当時のアメリカは禁酒法全盛時代。それにもかかわらず、地下蔵で酒をこっそり飲んでいたのが祖父の自慢だったそうです。祖父は、まさに大酒飲みだったのです。「酒を飲みすぎて、警察の留置場に一晩留め置かれ、祖母が翌朝引き取りに行ったことが何度もある」と父からよく聞かされました。「おじいちゃんは、酒さえ飲まなければ、

もっと出世できたのにね」とは、叔父、叔母との会合でよく出る話です。満州鉄道への出向の話が出た時の家族会議では「お父さん（私の祖父）を一人で満州にやったら、酒と女に狂うからダメ」との結論が出たそうです。銀行員としてはかなり型破りで豪快な人だったようです。しかし、奥さん（私の祖母）には全く頭が上がらなかったとか。「女」はともかく、「酒と奥さんにからっきし弱い」点では私は祖父の血を間違いなく受け継いだようです。ただ、大胆な性格も受け継ぎたかったな〜と自分では思います。**マーケットでは「自分はものすごく大胆だ」と思いますが、日常生活になると、すごい小心者なのです。**

私のことを全てにおいて大胆だ、と誤解している人も多いのですが、それは誤解です。実はかなり小心者です。しかし、私は「小心者」という性格もディーラーとして成功した理由かと思っています。緻密さは大事なのです。ただ勝負する時は大胆に、が重要です。

話を元に戻します。当時はまだ全国展開している大手銀行が20行近くありましたから幸運でした。採用数が多かったのです。

当時「日本出向軍団」と言われて、停年後には東証1部上場企業に天下っていく（？）人が、山ほどいたのが日本興業銀行（現みずほコーポレート銀行）でした。ここには落とされましたが、受けに行ったその他の銀行からはすべて内定通知をもらいました。岡本先生の授業とゼミ以外の成績はかなり悪かったにもかかわらず、です。

フジマキ理論

普段は緻密に、勝負する時は大胆に！

大企業に入っても、勉強を怠ったら生き残れない時代になった

あれだけ隆盛を誇って「日本に並ぶものなし」と言われた日本興業銀行が第一勧業銀行や富士銀行と一緒になってしまうのです。私が学生の頃には想像だにしなかったことが起きたのです。

日本航空なども、再生が図られていますが、一度はつぶれたようなものです。世の中、

絶対はありません。まさに栄枯盛衰です。

学生諸君も大企業に入社できたからもう人生安泰だ、などと思ってはいけません。会社に何があっても自分で生きていけるように、自己研磨を怠ってはいけないのです。また希望の大会社に入れなかった諸君でも、入った会社が時代の最先端企業に変身したり、数年経って希望の企業に転職出来る可能性も十分あるのです。そのことを胸に、ぜひ、自身の能力を高める努力を続けてもらいたいものです。

学生のうちに、会社の〝生〟の情報を手に入れるべし

私自身は放任主義の父から就職先へのアドバイスはほとんど受けませんでしたが、私の息子の就職の相談には、かなり乗りました。

終身雇用制がまだ残っている日本では、会社の情報を得るための父親のアドバイスはとても貴重だと思ったのです。米国に比べて、やり直しが利きにくいからです。

モルガン銀行支店長時代は「お父さんの職場を訪問しよう」という日を何回か設けまし

た。我が息子たちも何度か私の職場を見学に来ています。**そのようなことができない学生の方は、アルバイトでもインターン制度への参加でもいいですから、会社の〝生〟の情報を得る努力をしたいところです。**もっともインターン制度が半分就職活動化している現状では難しいかもしれませんが。

この本から得られる情報も〝生〟の情報とは言えませんが、〝生っぽい〟情報です。金融マン、特にディーラーとはどういう仕事か？　外資に勤めるとはどういうことかを感じ取っていただければ幸いです。

どの銀行なら〝頭取になれるか〟を基準に選んだ

嫌な奴だと思われるでしょうが、「どの銀行だったら頭取／社長になれるかな？」を進路選択の基準にしました。それで、受かった銀行の中から三井信託銀行（現三井住友信託銀行）を選んだのです。そのことを以前、テレビで言ったら弟に「三井信託に失礼だ！」と怒られました。でも、今でも三井信託は大好きですから三井信託の皆様、許してくださいネ。「都銀だったら採用人数も多いし、頭取になるのは難しいかな？」と思ったのです。
また当時の富士銀行（現みずほ銀行）の役員（人事担当）は、高校時代の親友・トミタ君のお父さんで、よく彼の家に遊びに行っていました。逆にそれが富士銀行への就職を避けた理由です。親友が、『えらい人の息子さん』に変わるのは嫌でした。何はともあれ、就職が売り手市場だった時の贅沢な選択と言えるでしょう。

ところで当初、私が考えていた「頭取／社長になれるかな？」という発想は、確かに極めて嫌みったらしいものです。しかし若い時分には、そのくらいの気概を持っていてもらいたいと私は思います。全員に「そのくらいの気概を持て」とは言いませんが、それだけの気概を持っている人間を、企業は何人かは必要とするのです。口に出して言う必要はありませんが、そのくらいの気概を内に秘めて働く人を私はたくましいと思います。私もモルガンで面接官をしていたとき、「将来、社長になりたいです」と明言した女子大生を、その発言だけで採用したことがあります。ただ、他人の前では言うなよ、と念を押しましたが。ディーラーになりたいのなら、そのくらいの気概は必要です。日本人はそうではありませんが、外国人ディーラーは強烈な個性の持ち主ばかりです。「俺が、俺が」の連中ばかりなのです。

2 〃金融の実態〃を知った銀行員時代

30年間で初任給は約1000倍になった

初任給は3万円だったと思うのですが、入社してすぐの6月に、改定があり6万円になったと思います。高度成長期だったからです。今、私の手元に祖父・太一が書いた父の記録があります。戦争時に父・邦夫は、慶應義塾大学在学中に東部第2部隊への教育召集を受け、解除後に卒業。昭和19年8月31日に東芝に入社したのですが、その時の月給が75円とありました。

昭和19年に初任給75円。昭和49年に6万円。30年間で初任給は1000倍近くになったのです。余計な話ですが、現金預金だけで財産を運用していた人は大変なことになったと思います。貯金は実質パーです。

1000万円が30年たつと、1万円の価値に減額してしまったということです。このことからも資産の運用方法を学ぶことは、とても重要であることがおわかりかと思います。私が近未来に起こると予想する「ハイパーインフレ」は、もっとひどいものだと思います。経済、金融を学んでおくことは、極めて重要です。

最初の配属先は、千葉支店

こうして私は、1974年に三井信託銀行に入行しました。最初の配属先は千葉支店でした。

つい先日、千葉市内で三井信託千葉支店OB、OGの飲み会があった時、当時のお店の前を通りました。その時、一緒に歩いていたオオニシ先輩が指さしながら言いました。

「こっちがフジマキが入れた方。こっちがフジマキが入れなかった方」。

入れた方は三井信託銀行（現三井住友信託銀行）ですが、隣のビルのテナントは昔とは変わっていて、駿台予備校でした。現役の時、一橋大学を落ちて、さらに落ちたあの駿台予備校だったのです（笑）。

千葉支店では、最初の1年間は内部事務の勉強をしました。

プロの仕事を知ることが、社会人の第一歩

本出納も3か月やりましたから、私は札勘《さつかん》（札勘定）もうまいのです。

そうは言いながらも、千葉そごう（当時）の出納の方々（10人くらいいたでしょうか？）の方が各段に上手です。3か月の経験しかない私と、朝から晩まで札勘をやっている彼女たちとは差があって当たり前です。

毎日、大通りを隔てた千葉そごうから、100枚ずつ束ねた1000円札や1万円札の札束を持ち帰るのも本出納の仕事です。マニュアルでは札束の枚数をチェックしてから持ち帰らなければならないのですが、確かめるフリだけしかしませんでした。私の札勘は単なる儀式だったのです。私が枚数の違いを発見したと思っても、それは誤解で100%、札勘のプロである彼女たちの方が正しいに決まっているからです。

私は、後に「子供の使い的な仕事はするな。プロの仕事をしろ」と部下に口を酸っぱく言いましたが、彼女たちはまさにプロの仕事をしていたと思います。

一度、郵便局から「お宅から回されてきた100万円の束、1万円札が1枚多かったんですけど」と電話がかかってきたことがあります。銀行員としての面目を失ったのもいいところでした。

ところで銀行員だった長男ケンタから、どうしても4000円、勘定が合わなかった時、自分のお金で穴埋めしてしまおうかとも思ったが、やはり意を決して、上司に報告したという話を聞きました。それをオオニシ先輩に話したら、「さすがフジマキの子供だな」と言うのです。「そうです。私が口を酸っぱくして『銀行員は、どんな小さいことでも絶対に不正やごまかしをしてはいけない。信用こそが銀行員の財産なのだ』と言い続けてきたたまものですよ」と答えました。そうしたらオオニシ先輩いわく、「違うよ、さすがフジマキの子供だと言ったのは、勘定が合わないところだよ」ですと（笑）。

もし学生諸君が銀行員を目指すのなら、まじめな話、「銀行員は、どんな小さいことでも絶対に不正やごまかしをしてはいけない。信用こそが銀行員の財産だ」という点だけは肝に銘じてください。この当たり前のことを逸脱したら完全にアウトです。

話は脱線しますが、父の葬式の時、モルガン銀行の部下と弟が勤めていた伊勢丹の人たちが手助けをしてくれました。葬儀の後、葬儀屋さんが言いました。「銀行さんは、さすがですね。香典の集計が一発でピタッと合うことはなかなかないんですよ」。

でも、それは誤解です。モルガン銀行の私の部下は現金を触ったことのある人なぞ、誰一人いないのです。きっと札勘は3か月の経験がある私が一番うまかったでしょう。モルガン銀行は個人向けビジネスを行っておらず、他の金融機関、政府、大企業相手の仕事をしていたからです。現金決済ではなく、すべて口座振替だったのです。

香典を数えてくれたのは、毎日現金を取り扱っている伊勢丹の人たちだったのです。**常識だと思っていることが常識でないことは良くあることです。**

女性におごって、財布はピーピー

千葉支店に配属になってすぐ支店長に呼ばれて言われました。「支店には女性が多く、彼女たちがいかに気持ちよく働けるかによって、店の雰囲気や、やる気も違ってくる。君たち若い男性は、大いに女性と楽しくやりなさい」と。

これには「しめた！」と思いました。当時、男性陣は、仕事が終わるとほぼ毎日、雀荘《じゃんそう》や居酒屋に行っていたのです。私も麻雀や酒は嫌いではありませんが、さすがに毎日は嫌でした。やはり上下関係がありますから、うっとうしいのです。

そこで支店長のお墨付きで、雀荘や居酒屋の代わりに「女性陣と独身の男性陣」だけで毎晩、飲みに行けるのは、とてもラッキーだったのです。

冬は2週間ごとに岩原にスキーに行ったり、夏は1泊で海水浴に行ったりもしました。しかし、女性陣の費用は、かなり出してあげましたから、いつも私の懐はピーピーでした。祖母が亡くなった際、代襲相続をした関係で、給料の他に年200万円ほどの収入がありました。それでもピーピーだったのです。

28歳でアヤコと婚約した時、13万円の婚約指輪を贈りました。贈ったら通帳残高がゼロになり、それをアヤコに見せたらあきれていました。

ただ、大いにおごっていたから、女性陣からの評判は悪くなかったと思います。当時、大卒男子社員の千葉支店への配属は毎年2人ずつでしたが、同期のホシ君は同期一番のハンサムボーイでした。彼に対抗して女性の人気を得るためには、金の力に頼るしかなかっ

たということでしょうか？（笑）

タケシをもじってタ〝ケチ〟と呼ばれるようになった昨今とはえらい違いです。

支店長には「支店の雰囲気を良くしている」と褒められ、そして何よりも、自分が毎日楽しく、社会人としてのスタートの大切な時期に皆と仲良く出来たのですから、安いものです。スタート時に女性陣に嫌われたら、女性の多い職場ではやってられません。**お金は使うべき時には、大いに使うべきなのです。**

あの時代の仕事終了後の生活は本当に楽しかったです。今でもムトウ君が幹事になって千葉支店のOB、OGで、最低年1回は国内1泊旅行、その他バス日帰り旅行や飲み会を、年に何度もやっています。

公認会計士試験に不合格だったことが吉と出た

毎晩、飲んだくれていましたが、実は勉強もしていました。

毎日、深夜に西船橋の独身寮に帰ってくる。午前様になることも多かったのですが、それでも翌朝は5時に起きて出社時刻まで公認会計士試験の受験勉強をしていました。今から思うとよくあんな無茶なことが出来たな、と思いますが、若かったから出来たのでしょう。

公認会計士の試験は大学4年生の時、初めて受けました。受けようと思った理由は単純で、ゼミの岡本先生が原価計算の試験委員だったからです。大学の期末試験と公認会計士の試験問題は、同じような難易度だと聞いていました。それなら私も受かるのではないか？　資格を一つくらい持ってもいいのではないか？　と思ったのです。**もちろん、そんな安易なモチベーションで受かるようなシロモノではありませんでした。何かにチャレンジする時は、はっきりとした動機づけがないと成功しないのです。**

4年の秋の3日間の試験は、最初の商法の試験問題を見てあきらめて20分で退出。その後は放棄です。そこで初めてまじめにやるかな？と発奮しました。次の試験は入社1年目ですから、入社後も勉強を続けました。

2回目の試験直後には、ひょっとしたら受かったかな?とも思いましたが、やはりダメでした。簿記でバランスシートがバランスしなかったのが致命的だったようです。翌年受けた3回目もダメでした。

その時は、後でも述べますがすでに外回りに配属となっており、きつい仕事だったので仕事と勉強の両立は無理だと思い、この3回目の不合格であきらめることにしました。
7、8年前でしょうか、税理士協会主催の講演会だったと思うのですが、主催者の方と講演前に雑談しました。公認会計士試験に3回落ちた話をしたせいでしょう、登壇前の経歴紹介で「公認会計士の藤巻先生です」とアナウンスがありました。壇上を歩きはじめた私は、ずっこけてしまいました。もちろん講演の初めに修正いたしました。
その後は「国もたいしたものだ。私みたいなずぼらな人間は『会計士には不適格だ』と見極めたのだから。国も人を見る目がある」とうそぶいています(笑)。

余談ですが、財務省での入省早々の新人官僚研修では簿記を教えるそうです。財務官僚は法学部卒が多く、簿記は苦手で、研修では、なかなかバランスシートがバランスしないそうです。とてもえらくなった某氏には「誤差脱漏」という項目を作ってバランスシートを無理やりバランスさせたという逸話が残っています。ずるいな〜！「誤差脱漏」という項目が許されるなら、バランスシートは必ずバランスし、私は今頃、大公認会計士様です（笑）。日本の経常収支統計は「誤差脱漏」の数字が大きいのですが、それは某氏が財務省で偉くなったせいではないか？と私は思っています（笑）。

公認会計士に落ちた時は、やはりがっかりしましたが、今思うと、落ちて本当によかったと思います。試験に受かっていれば、やはりそちらの道に進んでいたか、その資格にあった職種に配属になっていたでしょう。しかし、まじめな話、私に向いた仕事だったとは思えないのです。今のような満足感にあふれた職業生活は送れなかったと思うのです。**人間、何が幸いするかわかりません。**

しかし、落ちたとはいえ、この公認会計士の受験勉強で得た知識は後に大いに役立ちました。特に複式簿記は、その後の人生ですごく役に立ったと思います。経済の事象でも、私は絶えず複式簿記を使って理解に努めています。

一橋大の4年生が授業後によく「卒業までに何をしたらいいですか？」と聞きに来ることがありますが、私は「英語と簿記」と答えています。

「複式簿記の発明は人類の偉大な発明」と言われることがありますが、私もそう思います。

フジマキ理論

何かにチャレンジする時は、目的を持て！明らかな動機付けがなくては成功しない

〝死亡退職金のフジマキ〟と呼ばれて

1年3か月間の内部事務研修を終えた後、外回りの営業に転属になりました。財務相談室と言う、通称・財相と呼ばれる部署で、部屋は2階にありました。支店長から辞令を受けて2階に上がって行くと、室長が地方紙・千葉日報を片手に「昨日、警官の方が2人殉職された。死亡退職金を預かってこい」と言うのです。「とんでもない仕事をさせられるんだ」と、ギョッとしました。それでも気を取り直し、お線香の箱を持って警官の方の

家を訪問しました。最初ですから、誰か一緒に行ってくれると思ったのですが一人で放り出されたのです。

当時はカーナビなどなかった時代ですから、まずは住宅地図でご自宅の場所を確かめ、自分で車を運転しながら向かいました。今後、このような仕事を自分がやっていけるのかと、大変不安に思ったものです。

しかし、それは杞憂でした。この時はお金を預かれなかったものの、1年後には〝死亡退職金のフジマキ〟と言われるまでになりました。

最初の1週間は毎日お線香だけをあげに行き、顔を覚えてもらいます。次の1週間はお線香をあげるとともに、名刺を置いていきます。そして2週間たって初めて、口を開くのです。お線香をあげた後、帰り際に「何か心配ごとがあればご相談に乗ります」と伝えます。仕事の話をするのは亡くなられて1か月以上すぎてからにしました。もちろん自分できっちりと決めたマニュアルではなく、相手に合わせて臨機応変に対応しました。

遺族の方の心境を考えるとそのくらいの時間が必要だということです。他の銀行のセールスは、ことを焦りすぎているように思いました。私は死亡保険金、退職金の勧誘に関してはゆっくり、ゆっくりのスタンスでした。

財務相談員の仕事は資金集め

現在の財務相談員（以下財相員）とは、貸付先を開発したり、融資増加がおもな仕事かもしれませんが、我々の時代は高度成長期です。先ほど述べたように、4月に「月給3万円」の辞令で入社したのに、直後の改定で6万円に跳ね上がるほどの好景気だったのです。企業の資金需要がものすごく旺盛で、資金の借り手には事欠かない。資金が足りなくてしょうがない時代でした。今と逆です。そのため、財相員の仕事は資金集めだったのです。特に三井信託銀行千葉支店は受信額が大きくて、受信店舗（お金を集めるのが主たる業務の店）という位置づけでした。

都銀や地銀の外回りの人たちは、サラリーマン家庭や自営業の既存客（昔からのお客さん）から毎日のお金を集めるのがメインの仕事でしたが、信託銀行は違います。新規のお客さんから、「不動産の売却代金」や「退職金」等の〝一度に大きな資金〟を預かるのが仕事でした。

このように都銀・地銀と信託銀行で顧客ターゲットが違ったのは、当時の「長短分離政

策」という政府の政策に原因があります。

「都銀・地銀」等は、「短い期間の資金（当時は1年定期までしかなかったと記憶しています）を集め、〝ボーナスや納税資金等の短期の運転資金を貸す〟こと」が仕事。一方、「興銀・長銀、日債銀」等の「興長銀」や「信託銀行」は、「2年や5年の債券を売ったり（興長銀）、貸付信託にお金を預けてもらったり（信託銀行）することで長期のお金を集め、〝設備資金等の長期資金を貸し出す〟ことが仕事」だったのです。興長銀や信託銀行が集めるお金は出たり入ったりするお金でなく、それなりの長期間、銀行に寝ていてもらわなくてはいけないお金でした。

自分が頑張らねば業績が上がらない仕事をせよ

先ほど述べたように、1年後には「死亡退職金のフジマキ」と言われるまでになりましたが、最初の「警官の方の死亡退職金」は預かれませんでした。

最初に預かったのは、既存客からの27万円です。この時は本当にうれしかったです。

これを機会に、学生時代から引きずっていた社会に対する甘えを払拭できたと思います。

それまでは「自分の力で人様からお金を預かれる」などとは思ってもいませんでした。何かあったら周りが助けてくれるだろう、と思っていたわけです。しかしここでは名刺1枚で、お金を集めてこなくてはいけなかったのです。

モルガンに転職し幹部になってから、新入社員に**「私は邦銀時代の外回りのおかげで、学生気分が完璧に抜けた。頼れるものは自分だけだ。自分が頑張らなければ業績が全く上がらないという仕事を今、君たちはまだしていない。だから学生気分が抜けていない人もいる。いずれは皆が、自分自身が頑張らなければ業績が全く上がらない仕事をするのだ。そのことを自覚して『仕事は誰かが何とかしてくれるだろう』ではなく、『この仕事は自分でやり抜くしかない』の精神で真剣に取り組め」**と説教したものです。

死ぬほど働いた銀行員時代

財務相談員の仕事は、精神的にも肉体的にもきついものでした。肉体的には特に車の運

転がつらかった。しかし私は、死ぬほど働きました。

まず、月曜日の朝になると、「今日も運転するのか？」と吐き気に襲われました。財相員は約10名いましたが、私の担当部署は外房一帯で、同期のホシ君が内房一帯の担当でした。基本的には若者が遠くを担当、年配者が千葉市内を担当していたのです。「市内では駐車が難しい」ので、市内担当者は支店長車を含む3台の運転手さんつきの車か、契約していた個人タクシーを使用していました。そのしわ寄せが若者に来るわけで、我々遠距離担当組は〝自己運〟と称して自分で車を運転する必要があったのです。

私の仕事の半分は車の運転です。房総半島の南端にある白浜まで行くと、朝9時に会社を出ても、帰社できるのは夜の8時頃。その間、5軒くらいしか回れません。あとはずっと運転です。千葉市内の担当者を乗せている**個人タクシーの運転手さんに「フジマキ君、そんなに運転すると、体、壊すよ」と言われたほどです。**

退職金が支払われる4月、5月は、特に長時間勤務でした。朝、昼、晩と3食とも、パンと牛乳、それも3食とも車を運転しながら、という日もありました。

一度、支店ナンバー2の次長を助手席に乗せて、顧客宅を訪問したことがあります。退職金を預けてもらうためには、何度も訪問しなければなりませんが、たまには支店長や次長を連れていくのも、お客さんにアピールする一手段です。**入社2年生では迫力がありませんから、権威づけの意味合いがあります。**

その時、いつものように運転をしながら、昼食の牛乳を飲み始めたら、急に次長が怒りだしたのです。「フジマキ君、右手を離すんじゃない！　危ないじゃないか！」と。右利きの私は右手をハンドルから離してはいけないということだったようです（笑）。すなわち運転中に牛乳を飲むなら、左手で飲むべきで、右手で飲んではいけない、という叱責です。後で聞いたらやはり次長は、運転免許、持っていませんでした（笑）。

お客さんとの約束の時間に遅れそうな時は、裏道をぶっとばしました。勤務中によく事故を起こさなかったものだと思います。

選挙カーと山村で接触しそうになったこともあります。ウグイス嬢の「××党の△△お願いいたします。△△お願いいたし

ます。ギャ〜！」の「ギャ〜！」のアナウンスが山村に響きました。接触どころか正面衝突しそうだったのです。この時の反動で、今はものすごい安全運転です。毎日のように車を運転しますが、ずっとゴールド免許です。

当時の三井信託銀行は、千葉県には千葉支店と船橋支店しかありませんでした。その2店で千葉県全域をカバーするのです。そのため、都銀や地銀の軽自動車や自転車と違い、我々の車は1000ccか1200ccありました。冷房はついていたのですが、効きが極めて悪く、家を探す時に車を停めて住宅地図を見ていると、汗でワイシャツがぐしょぐしょになるのにはまいりました。

カーラジオだけが楽しみで、毎日、人生相談を聞きながら運転をしていました。**人生相談なんて、それまでの人生で聞いたことがなかったですし、その後も聞いたことがありませんが、この時だけは聞きました。「自分より苦しんでいる人がいるんだ〜」と、仕事のつらさをいやすためだったと思います。**後に朝日新聞土曜日版beの「藤巻兄弟」を連載する時の参考に、少しはなったかもしれません（笑）。しかし、あの時は、後に自分が人生相談の回答をする側に回るとは、想像だにしませんでした。**人生、何があるかわからないものです。**

ラジオの「人生相談」以外の楽しみといえば、車のギア・シフト・チェンジの練習くらいですかね（笑）。

マニュアル車では、回転数がぴったり合うとクラッチを切らなくてもギア・シフトが出来るのです。失敗すると「ガリガリガリ」と異常音がして入りません。クラッチを切らなくてもギア・シフトが出来る、これがうまくなることだけが楽しみでした。

こんなことをしていましたから、銀行員が乗った中古車だけは買わない方がいいと思います（笑）。毎日、支店長車等の運転手さん3人が、すべての車の始業点検をしてくれていたので、走る方に関しては安心だったのですが、車内の部品が壊れたままになっている車もありました。〝自己運転〟車は7、8台あったので、日によって運転する車が違います。たまに市内担当者が使う車を運転するのですが、驚いたことがあります。私の担当の外房には、まだ照明がついていないトンネルが多かったのですが、そのようなトンネルに入って、ライトをつけようと手を伸ばしたらライトのノブが、あるべきところにないのです。

その車のライトスイッチは回転ノブのようなものだったのですが、そのノブが外れているのです。1本の金属棒が突き出ていただけだったのです。運よく、そのノブがダッシュボード上にあるのを見つけ、ノブを金属棒に差し込んでライトをつけ、事なきを得ました。しかし、トンネルの中にいる間は、ノブを押さえている必要がありました。そうしないとノブが金属棒から外れてライトが消えてしまうのです。トンネルに入るたびにダッシュボードを手探りし、ノブを持ち、金属棒に差し込むことによってライトをつけながら運転して難を逃れました。右手はハンドルから離してはいけない、と信じている次長が助手席に乗っていたらどうなっただろうと思うと、おかしくなります（笑）。

その車は、会社に頼んで早速修理に出してもらいました。

怖い思いをしたこともあります。山の中の坂道を下っていた時、アクセルから足を離してもアクセルが戻らず加速していったことがあるのです。アクセルのバネが壊れていたのでしょう。左足でブレーキを必死で踏み、右手を伸ばしてアクセルを引き上げました。40年前の話ですから、車にもいろいろな技術的問題があったのでしょう。しかし、それ以降、そのメーカーの車を買おうと思ったことは一度もありません。

退職金獲得の必殺技

4月、教職員退職者発表の日はまさに自動車レースです。

当時千葉には信託銀行7行のうち6行が進出していましたが、6行の他、地元の地銀や郵便局も教職員の退職金の獲得競争に参加します。

貸付信託は5年という長期ですから、地銀や郵便局の預金に比べると利回りがいいのですが、だからといってのんびりしていると、教え子を動員してくる彼らに負けてしまいます。しかし、それ以上の競争相手は他の信託銀行です。

まず戦略を練ります。房総半島の北から攻めるか南から攻めるか？　他信託の財務相談員がどちらから攻める可能性が強いかを予想した上で、自分の攻略路を決めるわけです。

退職者発表の日は、名簿の発表があるだけで、実際に退職金は出ないのですが、申込書にハンコさえ押してもらえれば、実際の支給日に、まず預けてくれます。他の信託銀行や地銀、郵便局に、多少横取りされるにしても、ゼロになることはまずありません。**法律的には、「ハンコを押したら、必ずその銀行に預けなくてはいけない」ということはないの**

ですが、人間の心理として、約束を反故《ほご》に出来ないと感じるようです。

とはいえ、ハンコを押させるまでが大変です。何度も足を運ばなければハンコを押してくれない人がほとんどなのですが、退職発表の日は1回の訪問でハンコを押してくれる確率が高いのです。元教員の方と嘱託契約をしており、同行をお願いしているせいかもしれません。

もちろん他行も元教員の方を同行していますから、**退職予定者に他の信託銀行より早く接触することはとても大事です。**

南から攻めると決めたら、退職者が発表になる前日に、房総半島南端の旅館に泊まります。

財務相談室の幹部が、地方紙に載る退職者リスト情報を前日の深夜に手に入れ、住所を調べた上で、流してくれます。各行、皆同じです。連絡が入ったら住宅地図で自宅の場所をチェックし、翌朝どう回るのか、作戦を練ります。カーナビなどありませんから、裏道やスピード違反の取り締まり箇所、信号の多寡等、今まで積み上げてきた情報が勝負でものを言います。

これらの情報をもとに、信託銀行マンたちの自動車レースが始まるのです。どこかで他の信託銀行員と出会ったら、次に近い人をスキップして先回りするなど、いろいろな駆け引きがあります。この日は間違いなく3食とも車を運転しながらの食事です。

時にはプライドを心の中に押さえ込むことも大事

教員退職者と国鉄退職者の人数は多いこともあって、他の財相員にとっては大きな集金源だったのですが、残念ながら私にとっては、そうではありませんでした。人のせいにしてはいけませんが、参与さんの経験が浅く、またプライドが高い方だったせいだと思います。「もっと頭を下げてください」とお願いしたのですが、どうも「俺が先輩なのに、後輩教員に『お金を預けてください』などと頭を下げられるか」という理由だったようです。

「仕事は仕事」と割り切れた参与さんのほうがはるかに成果を出していたように思います。参与さんに限らず、この仕事は、〝頭を下げるのもプロの仕事〟と割り切れないとダメだと思います。プライドを持つことは人として極めて重要なことですが、時にはそのプライドは心の中に押し込めて頭を下げることです。プロとはそういうものだと思います。

この時期、もう一つ感じたのは、教員の方はともかくとして、国鉄退職者の方の退職金が、民間企業に比べて段違いに多かったということです。勤務体制も民間に比べて、かなり楽だと感じました。**当時はまだ国有組織だったわけで、官民との格差を大いに感じたものです。国鉄の累積赤字が巨大になるのは、もっともだと思いました。その経験からして、その後に起こった国鉄の民営化には大いに賛成でした。**

このように、教員退職と国鉄退職者の方からは退職金をなかなかいただけませんでしたが、他の退職者からは、かなり退職金を預かることができました。

全国トップの成績だったセールスマン時代

千葉支店では、ずっとトップの集金額でした。本店の営業推進部の本部長が千葉支店に視察に来た時「フジマキが全国で1番だ」とおっしゃってくれました。

お世辞かもしれませんが、千葉は受信店舗で資金集めとしては大型店であり、その中で断トツの成績でしたから、単なるお世辞ではないと思っています。もともと私が担当した外房は集金額が多い地域でしたが、それでも私は前任者の2倍を集めました。私の転勤後に集金額が最多になったのは私が担当した外房ではなく、やはり新人が担当になった千葉市内で、前任者の時は集金額が一番少なかった地域です。同じ担当地域でも担当者によって集金額はかなり変わるという証拠です。幹部もそう認識していたことでしょう。

私は死ぬほど働いていましたから、全国集金額1番は当然だと思っていました。そして、ちょっと気を抜けば集金額がストーンと落ちるのも、実感していました。

集金額が多いか少ないかはひとえに、「やる気があるか否か」と「多少なりとも頭を使うかどうか」だと思います。この仕事の場合、「やる気があるか否か」は「いかに長時間働くか」でしたし、「多少、頭を使うかどうか」は「お客さんが今、何を考えているか」の理解、すなわち「心理学の実践」だったと思うのです。

私が6か月間で集めていた金額は、約6億円でした。これは営業日で割ると1日平均で500万円ずつ集めなくてはいけない額です。私の月給が10万円にいくかどうかの時代の話です。私が追いかける退職者の方はブルーカラーの方がほとんどで、家の借金等会社からの借金を差し引くと、500万円も残っていなかったのです。そのため、国鉄退職者、教員退職者以外の方からで、全額預かった退職金が700万円もあると「わー、多いな」

という感じでした。そういう方々からお金を預かって1日平均500万円を集めなくてはいけなかったので、かなりのプレッシャーだったのです。

大きくお金を集めると翌朝の朝礼で、「昨日のフジマキ君の集金額1200万円！　はい、拍手～！」と拍手してもらえます。集金額は壁に棒グラフとして掲示してありました。期末には、内勤の女性を含め、財務相談員全員で肩を組んでの円陣を張り、当時流行っていた根性野球漫画の主題歌「行け！　行け！　飛雄馬、ドンと行け！」を合唱したのです。

それまでの私の人生とは全く異なる文化であり環境でした。でも「郷に入れば郷に従え！」「虎穴に入らずんば虎子を得ず」です。私は、自分でも意外でしたが、抵抗感なくそのカルチャーに入り込むことができました。

トップなのに、ボーナスはB評価の怪

集金額がトップでしたから、ボーナス時の評価はいつも最上級でした。ただ一度、成績評価で直属の上司ともめたことがあります。

直属の上司が私をB評価にしたのです。「冗談ではない。なぜ集金額がダントツなのに私の評価がBなのか？」と詰め寄ったところ、「担当地域への架電《かでん》件数やビラ配り枚数、顧客への訪問回数が少ないからだ」との返事でした。そして成績は「集金額の他に、これら10項目を単純平均して、その順番で決めている」と言うのです。これには頭に来ました。

そこで私は、「冗談じゃ、あり、あり、あり、ありません。架電やビラ配りは、金集めのための一手段にすぎないではないですか。自分で創意工夫した集金活動のほうが効率がいいと思えば、電話やビラ配りなどしなくてもいいはずです。せめて成績の8割は集金額、2割を他の要因で決める、すなわち加重平均法を採用すべきです」と文句を言ったのです。

次長や支店長も同じ意見だったようで、最終的には私の評価は最上級に変更されたのですが、直属の上司に訴えたかったことは「**お金集めの方法は自分で考えさせてくれ、ということでした。もう子供ではないのだから『電話をたくさんかけろ』だの『本日はビラを配れ』だの、『右手出せ、左手出せ』の指示はいらない。どうすれば金が集まるかは自分で考えさせて欲しい**」ということだったのです。

失恋が、仕事の役に立った！

先ほど、この仕事でお金を集めるのは「長時間働き、なるべくお客さんと会うことだ」と書きましたが、もう一つ重要なのは「お客さんの心理」を読む力だと思っています。「今、お客さんは何を望んでいるのか？」「世間話をしに訪問して欲しいのか？」「居留守を使うほど訪問に辟易しているのか？」（そういう時は小さな粗品と名刺だけ玄関先に置き、ブザーも押さずに帰ります）「旅行に行った時のほんの小さなお土産を喜ぶのか？」（身銭を切りましたが、これは違法です）「資産運用の権限を持っているのは奥様か？ご主人か？」など、まさに心理学を実践的に駆使する場なのです。**この「お客さんの心理」を読む力が集金量に大きな差を生じさせるのです。その点、私は自信がありました。**家内と会う前には、中学3年以来、女性にずっと振られ続けていたからです。ちなみに、だからと言って「全くもてなかった」わけではありません。小・中学生時代の超まじめ人間時代（小学校の時は級長だったのです）と異なり、高校になったら三枚目になっていましたから。三枚目で嫌われる人はあまりいません。２人の女性に振られ続けたのは、身のほど知らずの超大物狙いだったからだと思います。でも、あきらめずに挑戦したがゆえに、3回目で超大物のアヤコをゲットできました（デレ～）。

話を戻しましょう。その振られ続けた女性、特に中学3年の時の初恋の女性には、推敲《すいこう》に推敲を重ねたラブレターを書きました。

この失恋は、自分の人生にとってかなりプラスに働きました。もちろん、「後の人生に意義がある」よりは、「初恋が成就した」方が良かった、という考え方もできますが、物事は、前向きに捉えた方がいいのです。どう悔しがったところで過去は変わらないのですから。

何はともあれ、推敲に推敲を重ねてラブレターを書いたおかげで、文章を書くのが苦にならなくなりました。今、こうして本をたくさん出せるのは推敲に推敲を重ねてラブレターを書いたおかげです。

また、推敲を重ねる時は「彼女がこの文章だとどこまで裏を読んでくれる」かを熟慮しますから「人の気持ちを推し量る訓練」になりました。まさに財相員としての資質を高めてくれたのです。**もっと言うと、失恋を重ねたことでディーリングで負けた時の逆境に耐える忍耐力もついたと思うのです。今から思うとなんでもないことですが、青春時代の失**

恋は全てを失ったようなショックだったわけですから。

営業は、〝訪問回数〟を重ねて信頼を得よ

先ほど述べましたように、都銀・地銀の既存客相手の仕事と異なり、我々の仕事は土地の売却代金とか退職金を預かってくることですから新規客がほとんどです。まず、近々退職する人の情報が入ると、ピンポンと玄関ベルを鳴らし自己紹介をするところから始まります。

ご自分がその立場になって考えていただくとわかりやすいのでしょうが、名刺を見せられても、そう簡単には人を信じられないですよね。嘘の名刺なんて誰でも簡単に刷れるのですから。まずは詐欺師かと疑う。ですから何度も訪問して信用してもらい、かつ仲良くしてもらう必要があります。そのうちに競争相手の他信託も「退職近し」とにじり寄ってきて競争は厳しくなります。しかし、逆に退職予定者は、そんなにいろんな人がやってくるのなら、この人も本物の銀行員なのだな、と思ってくれるというメリットもあります。

この会いに行く回数というのは結構大事です。ある人など、退職当日に信託銀行マンと地元銀行の職員6、7人を自宅に呼び集め、それまでに集めた名刺の厚みで退職金を分配したのです。我々は顔と会社名を一致させて覚えてもらうために、訪問のたびに必ず名刺を置いていきます。その退職者の方にとっては、それが我々セールスマンを平等に処する方法だと思ったのでしょうが、ちょっと嫌味な方だなという印象を持ったのも事実です。でも、そんなことには当然のことながら耐えなくてはいけません。

今の例は極端ですが、**この例のように会いに行く回数が多くなればお金を預けてくれる可能性が高くなる、ということは、働く時間が長い人ほど成績が良くなる、ということでもあります。何回も何回も通って仲良くなって、やっと退職日の当日お金を預けてもらえるのです。ですから無茶苦茶に働いたのです。**

また、退職金をどこに預けるかは最終的にはご主人が決める家がほとんどでした。普段はどんなに奥さんが強そうな家でも、です。昼間奥さんと会っているだけでは退職金をもらうことはできません。ご主人と会わなくてはならないとなると、夜に訪問せざるを得ません。**もちろん、深夜の訪問客には誰もいい顔をしません。でもお会いできないと仕事にはならないのです。**

そういう時にこそ、昼間何度も訪問して仲良くなった奥さんのアシストが効きます。仲良くなってもらえれば、深夜でも玄関先に上げてくれるからです。

当時、千葉市まで、茂原から1時間、勝浦から2時間、鴨川から3時間かかり、それから西船橋の寮までは40分ほどかかりました。夜中の9時に訪問して、お会いできるならまだしも、門前払いをされて、外房の先端から独身寮に運転して帰る時のむなしさは尋常ではありませんでした。

退職金を預かるには、〝場所〟も重要

退職金支給日に、どこでお客さんと落ち合うかも重要なポイントです。工場の正門に支店長車を横づけしておき（そういう時は支店長車を若造の私でも使えました）、退職者の方がその車に乗ってくれたらこれは大成功です。

支店までお連れして支店長に会ってもらえれば、まず退職金全額を預けてもらえます。

当時は振り込みではなく小切手支払いのところが多かったものですから、その小切手を支

店長室で預かってしまうのです。

お客さんの自宅の前で待つこともあります。

退職日当日、約束通り夜8時頃、自宅を訪問したことがあります。申込書のハンコもいただいていたし、「100%、フジマキ君に渡すから」とおっしゃってくれていたお客さんです。それなりに安心しての訪問でした。ところが玄関を開けようとしたら、他の信託銀行マンが必死で説得している声が聞こえるのです。そういう時に乗り込まれるのはお客さんもうれしくないでしょうし、それより小心者の私にはそんなこと、とても出来ませんでした。そこで家の外で待っていたのですが、ずっと説得が続き、ちっとも出てこないのです。彼も私が外で待っているのがわかったので、必死だったのだと思います。最初のうちはのんびり構えていた私も、30分たち、1時間たって、だんだん心配になり始めました。2時間たって10時になった時は、もう心配で、心配でたまりませんでした。その家は崖の上に立っていたのですが、崖の上から飛び降りたくなったほどです。その信託銀行マンがやっとあきらめて出てきたとき、私を睨《にら》みつけたあの恨めしそうな顔は今でも忘れられません。

軽犯罪的行為もあった!

もう時効だと思うのですが、軽犯罪的(?)な行為が話題になったこともあります。我々にとってお客さんを何回も訪問するのは重要なのですが、例えば10回そのお客さんを訪問するにしても、お客さんにとっては6行から同じことをされれば、合計60回も訪問を受けることになります。いい加減に嫌になり、居留守を使う方も多いのです。

ある信託銀行員が、植木鉢の花を持ってお客さんのところを訪問しました。そのお客さんが花が好きだと聞いたからでしょう。しかし植木鉢の花を持っていくことは違反行為です。ティッシュペーパーとかタオルなど、決められたものしかギフトとして差し上げてはいけなかったからです。

玄関ベルを鳴らしても誰も出てこなかったので、彼は名刺をその植木鉢に刺し込んで玄関先に置いて帰りました。すぐ直後に来た他行の信託銀行マンがそれを見つけ、そこに差してあった名刺を引き抜いて、自分の名刺を代わりに差し込んだそうです。これは窃盗行為でしょうね。居留守を使っていたお客さんがこっそり、その行為を見ていて激怒したそうです。ま〜、当然でしょうね。そのお客さんは、その信託銀行マンに、たらいの水を頭からぶっかけたそうです。これも過剰防衛（？）のような気がしますが。この話はあらゆる信託銀行でかなり有名になり、酒の肴になりました。

厳しい経験が生んだ、セールスマンとしての自信

このような経験を積んできたおかげで、私は、自動車、保険、マンション、何をやらされても絶対にNO．1セールスになれるという自信を持つことができました。今後、何があっても「なんとかして生き抜ける手段はある」という自信がついたのです。

当時、貸付信託は規制により、業界全て同じ利回りでした。それに当時、日本には「護送船団方式」という政策が実行されていて、「どの銀行もつぶれない」と、皆信じていたのです。「護送船団方式」とは、銀行は1行たりともつぶさないという政府の政策です。

話は脱線しますが、「護送船団方式」は一見、よさそうに思えますが、ことはそう簡単ではありません。

今年の夏、LIBOR（ライボー）問題が新聞紙上をにぎわしましたが、ロンドン市場での銀行間での取引では、その銀行の倒産確率によって、他銀行からの借り入れ金利が決まっていたのです。財務内容がいい銀行は、LIBORそのものという低金利で資金を借りられますが、財務内容が悪く倒産確率が高いと思われる銀行は、LIBORに1／2％とか1％余計に払わなければ資金を借りられませんでした。したがって調達コストを下げるために、他国の銀行は財務内容を改善しようと努力をするのです。ところが日本の銀行は「護送船団方式」のせいで、財務内容がいくら悪くてもLIBOR金利そのままという低金利で資金を借りられる。そこで財務内容の改善努力がおろそかになってしまったのです。

話を戻しますが、「護送船団方式」のせいで、どの銀行もつぶれないと皆が信じていました。そのうえに金利が変わらないのですから、信託銀行が販売している貸付信託は商品として何の差別化もされていなかったのです。これは、どの信託銀行の貸付信託を買っても、全く同じということです。商品に差がないのにトップセールスになれたのだから、自動車、保険、マンションのように商品に差があるものだったら、絶対にそこでもトップセールスになれると思ったのです。

もちろん、売るのが欠陥車でもトップセールスになるほどの自信はありませんでしたが(笑)、まともな車なら、その車の特長を武器に、トップセールスになる自信はつきました。これが、のちに転職に踏み切れた一つの理由でもあります。転職に失敗してもセールスマンとして生きていけるという、ある種、自分自身へのセーフティー・ネットでした。

売り物は〝自分の個性〟

商品の差別化が出来ないとなると、売り物は自分の個性しかありません。どうお客さんに好かれるかがポイントだったのです。ですからセールスの戦術も、他の商品のセールスとは異なっていたことと思います。

私は商品説明をほとんどしませんでした。今から考えるといい加減だったと思うのですが、金利もしょっちゅう変わるので、覚えていなかったように思います。そういうことは、他行の信託銀行マンがお客さんに説明してくれているはずだからです。そんな時間よりも他愛ない話をしてお客さんと仲良くなることの方が、よほど重要だと思ったのです。

No.1セールスだったと言うと、話術が上手いと思われがちですが、違います。当時の私は、「先天性言語障害」とのニックネームがあったぐらい話し下手でした。今、講演会で「立て板に水」の感じで話す私を見る方は、そのギャップに驚くと思うほど、当時は「横板に鳥モチ」の話しぶりだったのです。

意図したわけではないのですが、それが逆によかったとも思っています。朴訥《ぼくとつ》としゃべる方がペラペラしゃべるセールスよりお客さんの信頼を得ることが出来たようですから。なにせ我々は銀行員ですから誠実さが一番の売り、「こいつは悪いことをしないやつだな」という印象が一番重要なのです。

私は頭の髪はボサボサですし、鞄は不必要な内容物でパンパンでした。整理が悪かったせいです（今でもそうですが）。上司には絶えず怒られていましたが、退職間近のお爺さんやお婆さんには憐れみを感じさせたのかもしれません（笑）。髪をバシッと決めて洋服もパリッとした銀行員は、ひょっとしたら胡散《うさん》臭く見られたのかもしれません。

もちろん、もし私が高級外車のセールスマンであれば、頭も洋服もビシっと決めると思います。場所や雰囲気、売るべき商品、環境に合わせて自分を変えるのは当然の話です。

不屈の精神
営業成績
藤巻 鈴木 田中 中村
負けん気
文章力
読心術
粘り強さ
ビジネス成功の秘訣
藤巻健史氏
ぜんぶオンナじゃね～か
むすっ

貞操の危機!?　変なお客さん

それにしても財相員の時はいろいろなことがありましたし、いろいろなお客さんがいました。退職金のお客さんではないのですが、定期的に大口のお金を入れてくれた自営業の方は「税務署が見ているといけないから、銀行員、銀行員したスーツ姿で我が家に来るな」とおっしゃるのです。しょうがないので、そのお客さん宅にお邪魔する日はセーターとジーパンを持参し、車の陰に隠れて着替えをした後、訪問しました。

また、変な人といえば、「新聞広告を見てお金を預けたい」と、突然、会社に電話がかかってきたことがあります。たまにある〝棚からぼた餅〟的な集金ですから「ラッキー！」と喜んで訪問しました。しかし、何かちょっと変な雰囲気だったのです。家の中に香がたかれていて家が紫色のトーンなのです。お金を受け渡しする時は机の対面に座るのが普通なのですが、この方は、私の横に並んで座ってきたのです。２００万円預けてくれましたが、私がお金を勘定し始めたら、私の太ももの上に手を置いたのです。ちなみに、この人は男性です。私は、そちらの方の興味は皆無ですから、勘定するのを途中でやめてお金をつかみ、領収書を殴り書きして家を飛び出しました。200万円ぽっちで、それも預金として預かるだけで、この大事な体を粗末に出来るかと(笑)。

一方、うれしいお客さんもいらっしゃいました。お医者さんの奥様が、やはり親戚のお医者様のお嬢さんとのお見合い話を持ってきてくださったのです。その他にも2件ぐらいお見合いの話をいただきました。お会いしてからお断りするとそのあと仕事がやりにくくなると思ったので、多少残念に思いながらも、お会いしませんでした。当時は振られ続けた片思いの女性への未練がまだあったからでしょう。しかし、お見合いをしていたらアヤコとは会えなかったわけですから、見合いしなくてラッキー!というところです。

毎日、泣きながらお金を集めていた

こう書いてくると、財相員としての仕事を楽しんでいたという印象を持たれるかもしれませんが、そうではありません。

毎日、泣きながら金を集めていたというのが正直なところです。

実は、いくらたくさんのお金を集めていたとしても、来月もお金が集まるかが心配でしょうがなかったのです。

「翌月、お金が集まらなくて苦労している」。そんな夢をよく見ました。財務相談の仕事を離れた後も、そのような夢を数年、見続けました。その後、留学したアメリカで見ていた夢も、「ビジネススクールで単位が取れなくて苦しんでいる」という夢ではなく、「財務相談で金が集まらない」という夢だったのです。

ちなみに、そのあとは、どういうわけか「一橋大学で単位が取れず卒業できない」という夢ばかりでした。一橋大学卒業時に、そんな恐怖感は全く感じたことがなかったのに、夢として出てくるのが不思議です。

「泣きながらお金を集めた」というのは、死ぬほど働いたからなのですが、それ以上に性格的に合わない仕事だったからでしょう。

お客さんの中心は退職者ですから、基本的には全てのお客さんが新規客です。その方に会って自己紹介をしないことには仕事が始まらないのですが、玄関のベルを「ピンポ〜ン」と鳴らして誰も出てこないと、「あ〜、よかった」と思ってしまいました。それほど、人と会うことが嫌だったのです。シャイだったからでしょう。**一大決心をしないと玄関ベ**

ルを鳴らせないほど、知らない人と会うのが苦手だったのです。

何せ小学校1年生の時の担任の赤松先生が書かれた通信簿は、「理解力は相当あります。ただ性格が内向性のようで、そのためあまり目立ちません」なのです。

ちなみに2年生の1学期は「学習意欲は旺盛であるが、発表意欲に欠けるきらいがあります。思考力は素晴らしいものです。生活態度は目立たないようですが、芯は相当強いのでしょう。積極性をもっと身につけてほしいと思います」。2学期は「班長・級長の仕事についての責任感はずいぶん持っているようです。ゆとりが少なすぎるのも欠点の一つとなりますので、その辺も指導しています」。3学期は、「責任感は優秀で仕事を任せ得る子です」。3年2学期は「悪いことは絶対しないという傾向は、前期同様です」。

久しぶりに読みかえしてみると、「三つ子の魂、百まで」と言いますが、まさに私の性格は小さい時と全く変わっていないな、と思うのです。

「性格は内向性だが、芯は強い。積極性とゆとりに欠ける。悪いことは絶対しない」。これは今でもまさにその通りだと思います。要は私の性格は小市民的で、小学校時代は先生の言うことをよく聞く優等生だったということです。その当時の性格と少し違ったかな？と思うのは、積極性が多少なりとも出てきたことでしょう。これは努力して変えた性格だ

と思います。

しかし、小学校の先生の人の性格を見抜く力はすごいな、と思いました。赤松先生が見破れなかったのは「自慢好き」という性格ぐらいでしょうか（笑）。

ということで人と会ったり交渉したりする仕事は生来、大嫌いだったのですが、その一方で私は、ものすごく負けず嫌いでした。小さい頃の「芯は強い」と評価された性格は、その「負けず嫌い」からきているのだと思います。一番を取りたい。一番を取った以上、その後、順位を落としたくない、というくらい負けず嫌いでした。ですから財務相談という性格的に合わない仕事でも頑張ったのです。

外回りから抜け出したくて、海外留学生コースを受験

しかし、私はここで悩み始めます。このまま一番を続けると、営業から抜けられなくなり、完璧な営業畑の人間になるぞ、と。**一番自分の性格に合っていない仕事を一生やっていかなくてはならない。そういう人生に精神的に耐えられるだろうか？　しかしその一方で、人には負けたくない。一番を取り続けたい、という思いもありました。そこで、ずいぶん悩んだのです。**

悩んでいた時、海外留学生を人事部が募集していることを知りました。受験を決めたのは、別に留学したかったからではありません。ただ財務相談という仕事から抜け出したかったにすぎないのです。

就職が決まった夏に膝の半月板の手術をした私ですが、卒業前の冬には、今で言う卒業旅行をするまでに回復していました。そこで行きと帰りの飛行機だけ決まっていて後は自由行動、という旅をしたのです。この時、人生で初めて飛行機に乗りました。

行きは南回りのロンドン行きで、2回か3回給油しながら、二十数時間かかってロンド

ンへ到着しました。若い私でもさすがにうんざりしました。その後、約2週間、何も決めずに、ほっつき歩きましたが、やはり初めての海外旅行、緊張していたのだと思います。激しい胃痛で、ドイツで1日寝込んでしまいました。飲んだ毒掃丸も戻してしまいましたが、幸い病院に行くことなく1日で治りました。しかし、**この時、商社を選ばず、就職先を銀行にしてよかったと、つくづく思ったのです。そして「二度と海外になんか…、仕事でなんか行くものか！」とも思ったのです。それにもかかわらず、財務相談室を抜けるために海外留学生コースを受験したのですから、人生というのは面白いものです。**

海外留学生の募集要項には「このコースは中堅銀行員を養成するもので、終了後、証券部、国際部に配属されることが約束されるものではない」と明記してありました。「しめた！　留学中の2年間だけ海外生活をすれば、後は（エリートコースの）経営企画部にでも配属になって」と胸算用をしたものです。何せ嫌みったらしく「社長になりたい」と思って入った三井信託銀行です。私は、まるでドメスティック（国内）派、つまりマルドメで社長になるぞ、と決意を新《あら》たにしました。

「海外留学生コースの受験をする」と言っても支店の次長、支店長が認めてくれないと受験出来ないのですが、お二人とも認めてくださいました。お二人ともいい方でした。

私の字が下手な理由

ちなみに次長のヒロタさんは豪快な人でもありました。

入社1年目は銀行業務の通信添削コースが必修でしたが、それと同時に、習字の通信教育も必修でした。当時はコンピュータがなかったので手書きレターでお客さんに連絡することが多かったせいかと思います。私は前者のコースは一生懸命やりましたが、習字は毛頭やる気がなく、郵送されてきた郵便物はそのままゴミ箱に直行させていました。

当時ミスを防ぐため、支店では帰宅前にごみ箱のごみを大きな箱の中に再度、移すことが義務づけられていました。そのプロセスを踏むことによって、重要な金券や伝票がゴミ箱の中に紛れ込んでいないかを確認できるからです。その大きなゴミ箱の上の方に、私の習字練習帳が白紙のまま捨てられていたのをヒロタ次長が見つけてしまったのです。

私は、ヒロタ次長に呼び出されました。雷を覚悟していたら、次長は「アホ、ドジ、こういうものは、ゴミ箱の下の方に隠して捨てるものだ」と怒ったのです（笑）。こういう次長だったから私は大好きだったのです。しかし、字が下手糞なままなのはこういう事情のせいで、すべては私のことを怒らなかったヒロタ次長の責任だ、と三井信託OB会では言っています（笑）。絶えず「自己責任」を口にする私が言うのですから大いに受けます。もちろん発言は冗談で、ヒロタ次長に大変感謝しているのは言うまでもありません。

あのフジマキ君が英語で仕事ね～

支店長とヒロタ次長が海外留学生コースに応募することを認めてくれてからは、土・日に西船橋の英語学校に通いました。そこでは、つくづく自分の英語はひどいと再認識しました。**これでは留学生コースに受かるわけがないと弱気になりました。なにせ私の中学の時の英語の成績は10段階評価で評価5だったのです。225名のうち評価4以下がいなくて評価5が20名。要は学年で下から20名以内ということです。担任の川崎恵美先生が通信簿に「英語の5は情けないと思います」と書いたくらいです。2学期のコメントは「〃」です。「上に同じ」という意味です。**後に私がロンドン勤務をしていた時、川崎先生がいらして「あのフジマキ君が英語で仕事ね～」と感慨にふけっていらっしゃいました。当時

ＮＨＫテレビの英語会話で有名だった田崎先生が所属していた中学（東京教育大学附属）でしたから英語教育はかなり進歩的でテストの半分はヒアリングとディクテーションでした。文法とかそういうものだったら私でもなんとかなったのでしょうが、ヒアリングとディクテーションは全く駄目。どうやってそれを改善したらよいかもわからなかったのです。ヒアリングとディクテーションは音楽能力と関係するのかな?と、今でも思います。

このように英語能力が劣っていた私ですから海外留学生コースの受験を考えること自体が無謀だったはずです。また大学の成績も、気にしたことがなかったので非常に悪かったのです。当初１０９名の同期の総合職のうち、一橋大学から三井信託に入社したのは８名でしたが、成績はその８人の中で間違いなくビリだったと思います。

3 四苦八苦した海外留学準備期間

留学生コースに受かったのは、英語がダメな私だけ

その私が、留学生コースに受かったのです。留学生コースは、平均して2年に一人くらいしか選ばれていませんでした。私が受験した年は10人くらいが受験しました。ところが英語が全く駄目で大学の時の成績が非常に悪かった私が受かってしまったのです。合格者は私一人だけでした。

受験は重役面接だけでしたが、同じく受験していた一橋大学岡本ゼミの1年後輩の岩上君が発表の前に「先輩、受かってますよ。重役の前に置いてあった書類が見えてしまったのですが、先輩の前に◎がついていましたから。私は△でした」と教えてくれました。受験の前にもう結果がわかっていて、それを追認するだけの試験だったようです。社内の試

験ですから、当然それは〝あり〟なわけです。

ちなみにここに、翌年この試練に受かった岩上君が社内報用に書いた文章があります。当時の私の様子がうかがえます。

「一本の煙草」

千葉支店長　岩上秀樹

4年生となった春、ゼミにその先輩（フジマキ注：私のこと）が現れました。すでに就職され、スーツを着た姿は見違えるようでした。このゼミでは、3年生は4年生のゼミの聴講が義務付けられていたので、先輩の顔は良く知っていました。いつも寝起きのボサボサ頭だったのが、その日は、きれいに七三に撫で付けられていました。まさにビシッという表現がぴったりでした。私は昨年7月に千葉支店に配属になりました。ここは、先輩が社会人としてスタートを切った最初の店です。

子供の頃、偶然とは必然の連続であると教わりましたが、まさにこういうことなのかと思います。そして、あの時、たばこを吸うために廊下で立ち止まっていなかったら、今頃自分はどうしているのだろうかとも。

私が留学生コースに合格したワケ

こんなに成績が悪く、英語も出来なかった私が、海外留学生コースに受かったのは、間違いなく財相員として2年間、死ぬほど頑張ったご褒美です。それしか考えようがありません。「フジマキはやれば出来る男だ」という評価になり、それが最大の選抜理由だったと思います。泣きながら頑張った2年間が報われたのです。

配属当初、この財務相談の経験は将来なにかの役に立つのだろうか？　意義ある仕事だろうか？　と考えたものです。しかしすぐに、「働かなければ食えないんだ」という仕事の原点に戻りました。「仕事の中に生きがいを見つける」とか「楽しく働き、人生を充実させたい」などの考えは学生気分が抜けていないのだ、と思いました。一人で金集めをしてこいと世間に放り出されて初めてわかりました。楽しいことなら、金をもらうのではなく、金を出すべきです。仕事とは、そもそも生きていくためにやらなくてはならないものなのです。

でも、そういう頑張る姿勢が周りに評価されるのです。特に若い人は、少し仕事をかじ

ったただけで「こんなこと、やってられるか！」と仕事を放棄しないでください。弟の幸夫も伊勢丹に入った時、文房具売り場に配属になっています。その時、「僕は婦人服を売りたくて伊勢丹に入ったんだ。消しゴム売るために伊勢丹に入ったのではない」と悩んだそうです。

フジマキ理論

お金をもらうんだから、仕事は苦しくて当たり前。楽しいことなら、お金を払ってやりなさい

留学前に婚約したかった

他社の海外留学生コースは2年間ですが、三井信託のそれは3年間でした。他社の人間

から、ものすごくうらやましがられました。横並び意識の強かった銀行業界では特異なことです。

最初の1年間は、願書の作成やら英語その他の勉強のための年です。全て自分で計画を立てて人事部教育課の承認を受ければ、それでOKでした。まさに1年間の自由時間をもらったようなものでした。人事部教育課に机があって、予定がなければその机や調査部の図書館で自習することになっていました。

最初は代々木にある教会附属の英語学校に行くことにしました。午前中は授業を受け、そこで知り合った学習院の女性と毎日四谷までぶらぶらデートでした。そして四谷から地下鉄に乗って人事部教育課に顔を出しました。「留学前に彼女を見つけたい」というか、「出来れば婚約したい」と思っていました。大学卒業前の卒業旅行の経験からして私は、2年間も孤独に耐えられないだろうと思ったからです。

先日、長男・ケンタがオリンピックを見ながら「お父さんの精神力の強さは、並みのスポーツマンどころではない。彼らと同じくらいかもしれないな」と言っていましたが、それは「相場に対する時のみ」で、本当は、かなりのさびしがり屋で小心者なのです。

この女性とは、授業が終わったら、そのままサヨナラでした。残念ながら名前も忘れてしまいました。

大学の成績が悪かったことは、“無理やり”の言い訳で乗り切った

この準備期間の一年間では、**願書の作成や、TOEFLとGMATの受験準備は、当然のことながら一所懸命やりました。**

GMATの予備校に行ったら、めちゃくちゃに英語が出来て、英語の教師と侃々諤々《かんかんがくがく》の議論をしている人がいました。聞くと東京教育大学附属駒場高校から東大に行き、当時、三菱商事に勤めていた堀紘一さん（現ドリームインキュベータ取締役会長）でした。後で聞くとお父様は外交官だしAFSで米国に留学した経験もあるとのことでしたが、**「こんな人と一緒に留学するのか。それなら私は落ちこぼれるな。卒業もできないのでは？」と不安がつのりました。**堀さんとはのちにNHK・BSで「会社は誰のものか」というトピックで議論をしましたが、当然のことながら昔の私のことは覚えていらっしゃいませんでした。小さな英語塾の短期間のクラスメートで、しかも劣等生の1人なんて覚えているわ

けがないですよね（笑）。

願書は非常に貧弱な英語で書いたものを、ビジネススクールから帰ってきた直後の先輩に添削してもらいました。添削してもらったというより、先輩の手にかかると、全く別のものに変わっていました。

それを何枚もコピーして、各大学の願書の質問に合わせて切り貼りをして提出しました。まず回答ありきで、それを質問に合わせたわけですから、学校によってはかなりいい加減な願書だったと思います。それでも何とか体裁を整えました。**苦しんだのは「大学の成績が悪かったことの言い訳」と「GMATの英語の点数」です。**

「大学の成績が悪かった」言い訳は、まさに、得意の屁理屈でした。

「日本の大学は入学は難しいが、入ったら卒業は易《やさ》しく、多くの人間は成績を上げることを目標としてはいない。したがって成績はその人の真の学力を示しているわけではない。私は公認会計士試験を目指していたので、大学の授業はおろそかになった。公認会計士を目指していたことは原価計算や管理会計の成績を見てもらえればわかる（前にも書きましたが、岡本先生は公認会計士委員で、私は先生の授業とゼミだけは一所懸命出たので成績は良かったのです）。それに私は2年に1人しか受からない社内選考試験に合格している。

日本において大学の成績が重要なら社内選考試験に受かるはずがない。しかも三井信託は日本中の学生のあこがれの的である」

今思い出しても赤面しそうな屁理屈でした。「三井信託は日本中の学生のあこがれの的である」なんて書くと、三井信託の社長（そういえば千葉支店時代、生野〝じょうの〟社長のことを、〝なまの〟社長と呼んでヒロタ次長に怒られました）は、「大蔵省じゃあるまいし、そんなに学生の人気があるのかよ？」とお尻がむずがゆくなっただろうと思います。

なかなか来なかった合格通知のせいで人生2度目の円形脱毛症

ＧＭＡＴの英語には本当に苦労しました。ＴＯＥＦＬは外国人用の英語の試験ですからなんとかなりましたが、ＧＭＡＴは英語を母国語としている人たち用の試験です。要は米国人にとっての国語の試験です。普通に考えても、日本人がいいスコアなど取れるわけがないのです。

「数学」の方は上から０・０１％以内という感じでとても良い点数でした。もともと私は

数学は文系としては得意なほうだったからです。他の日本人も大体上位1％以内に入るようですが、私は、その中でもかなり良かったと思います。しかし英語の方の成績はとんでもありませんでした。

米国のビジネススクールは一斉に合格者を発表させるわけではなく、五月雨《さみだれ》式に合格者を通知していきます。ところが、何校にも願書を出したのに、ちっとも合格通知が来ないのです。

そのうちに人生で2度目の円形脱毛症の発症です。「留学を命ず」という辞令が出ているのに「留学出来なかったらどうなるのだろうか？　会社を辞めなくてはいけないのだろうか？」と心配になったのです。スキーに行ってもリフトの上で、そのことばかり考えていました。ちっとも楽しくありません。スキー場に流れている華やかな音楽を聴いていると一層、落ち込みました。

何せ終身雇用制、真っ盛りの時です。一度入った会社を辞めさせられたらどうしようと心配だったのです。少なくとも出世レースでは最後尾になるな、と思いました。

実は同じ年に、他信託からの留学準備生で、すべてのビジネススクールに不合格になった人がいましたが、もちろん解雇にはなりませんでした。冷静に考えれば、当たり前でしょうし、法律的にも守られていたと思います。彼は翌年、留学を果たしました。しかし彼こそ、翌年はすさまじいプレッシャーを感じながらの受験だったと思います。さすがに、2年続けて不合格というわけにはいかないでしょうからね。

円形脱毛症の歴史

円形脱毛症ができたのは人生で2度目だと書きましたが、1度目は中学3年の時です。水泳部がつらかったからです。当時の医学書には「円形脱毛症の発症原因ははっきりしない」と書いてありましたが、とんでもない、と思いましたね。間違いなくストレスだと確信していました。水泳部ではつらくて、毎日、休む理由を一所懸命探しました。しかし風邪を引いたと言ったら「泳げば治る」と言われ、プールに放り込まれました。東大医学部に入ったばかりの木村コーチでした。すごくいい先輩で、数いるコーチ陣の中では歳《とし》が一番我々に近かったこともあって兄貴みたいな存在でしたが、「泳げば治る」にはまいりました。

この木村コーチは、現在、都内有数の有名病院の院長先生のようです。

この中学の時の円形脱毛症の話は、私の処女作『外資の常識』（日経ＢＰ社）に書いたので、ここに引用します。

「円形脱毛症」

私は邦銀で5年間、ＪＰモルガンに移って15年間の計20年間、金利と為替のディーラーとして第一線でポジションを取り続けてきた。歳を重ねるにつれて、「資金為替部長」だとか「支店長」だとかの肩書が付いてくるようになったが、しょせんは一ディーラーである。儲けてナンボの世界だ——。

といった話をすると、人は問う。

「よく胃潰瘍ができませんね。ストレスをあまり感じないのですか」

答えは「私もストレスを人並みに感じる」。ただし、私の場合、ストレスは胃にこない。代わりに頭にくる。

1991年、湾岸戦争が勃発したときのことだ。マーケットは開戦を十分織り込んでいないと過信した私は、ドルを大量に買い、日本国債を売りまくった。ところが、マーケットは意に反し逆に進み、私の損益はその後3か月間、水面下深く沈んだままとなった。それも毎日損失が雪だるま式に膨らむ。この損失をニューヨークの本店へ報告するときが、一日のうちで最も暗く、そして非常につらい時間となった。これだけ損失が膨らむと、明日こそはクビが飛ぶかと毎日ビクビクしていた。

すると、そのうち頭皮が痛くなってきた。そして円形脱毛症を発症したのである。私は一枚のファックスをニューヨークのボス、マイクに送った。

「もう精神的に参りました。損益の数字をこと細かく送るのはつらすぎます。今後は毎日、私の後頭部の写真を撮って送りますから、損益はハゲの大きさで判断してください」

精一杯のシャレで書いたファックスであるが、ふ

だんは気の利いた返事を返してくれるマイクから、何の音沙汰もない。不安は増す。ハゲは損失の拡大以上に広がった。

幸い、しばらくしてマーケットは反転し、私の損失は急速に改善した。それに伴い私のハゲは、跡形もなく消え去ったのである。

実は、これは私の人生で3度目の円形脱毛症であった。思えば私の人生の苦しい時期には、いつも円形脱毛症がついてまわる。ストレスが胃にきても外からは見えないが、頭にくると見えるから始末が悪い。

最初の円形脱毛症は中2のときに発症した。当時、私は水泳部員であった。この時期の我が水泳部は黄金期にあった。私を除く水泳部員全員が、それぞれの種目で東京都9位以内の成績であり、逆三角形の体型を誇っていた。私のみが東京都何百番の成績で、正三角形の体型を誇っていた。日常の練習は逆三角形組に合わせるから、正三角形の私にとっては非常にきつい。ついていけるわけがない。やめたくてたまらなかった。

ところが担当の先生に相談すると冷たくこう言われた。「部活動をやめると、内申書にひびきますよ」私の中学は国立大学の附属で、7割の生徒が附属高校に進学できる。言い換えれば3割が落とされるわけである。そして内部進学であるがゆえに、合否に関し内申書は非常に重要な意味を持っている。となると私に選択の余地はない。過激な部活動を続けるのみである。毎日、放課後が怖い。で、あっという間にハゲができた。

私の悩みがさらに一つ増えてしまった。我が中学はボウズ頭を強制していた。ボウズ頭にハゲができると、当然目立つ。朝礼では、好きだった女の子が私の斜め後ろに並んでいた。彼女の後ろからの視線が気になる。

かくして朝礼は苦行に変わった。加えて当時の私はニキビがひどかった。それはもうニキビの上にニキビができるほどのひどさであった。思い余って通った医院では、看護師さんにニキビをつぶしてもらってからイオウを顔に塗ってもらう。その後ハゲに沿って20本くらい注射を打ってもらう。頭皮に直接注射をするのだから、痛みは並ではない。頭蓋骨に直接打たれる感覚である。それを毎日20本打つのである。

朝になると、朝礼で好きなあの子にハゲを見られる恐怖。午後3時になると、あのつらい水泳部の練習が始まるという恐怖。帰宅すると、あの痛い20本の注射が待っているという恐怖。ハゲが小さくなるわけがないではないか。

しかし、悲劇はこれだけにとどまらなかった。実はこの注射、女性ホルモンなのである。副作用で乳首がヒリヒリするなぁ、と思っているうちに、私の乳首はブチッと膨らんでしまったのである。当たり前だが、水泳部では毎日裸にならなければならない。ましてや、我が中学の運動部にとって、最も重要な学習院との対抗戦が迫っている。その対抗戦には初恋の女の子をはじめ、多くの女の子が見に来るはずだ。

恋に目覚めた思春期。ほんの少しのことでも恥ずかしい思春期。その思春期に、ボウズ頭に50円ハゲ、でこぼこニキビにブチッと膨らんだ乳首。そして朝礼時の女の子の視線、部活動の激しさに注射の痛さ。

私の円形脱毛症は簡単に治るはずがなかった。

「良いディーラーはあまりストレスを感じない」少なくともストレスに強い」

こんな先入観がある。しかし、私の経験からはそうは思わない。「自分はストレスに弱い」と悩んでいるディーラー諸君に、ディーラー界の自称長老の1人としてアドバイスしたい。人は皆ストレスには弱い。悩んでいるのは、あなただけではない。皆苦しんで成長する。がんばりましょう――と。

フジマキ理論・

どんな人でも、ストレスに弱い。皆苦しんで成長するのだ

条件付き合格通知から正規合格へ

円形脱毛症に悩んでいるうちに、やっと3、4校から暫定的な合格通知が来始めました。ただ合格通知は合格通知なのですが、「次回のGMATで英語の点が改善したら」という条件付きでした。

そこで「あとはもうないぞ」という強烈なプレッシャーを感じながら2度目のGMATの試験を受けたのです。会場は忘れもしない上智大学です。前回より出来は良かったとい

う感覚はありました。

しかし、なんと「不受験」という結果がGMATの本部から送られてきました。「不合格」通知ではないのです。「受験をしていない」という通知です。**この時の驚きようはなかったですし、大いに焦りました。**結果の通知が私のところに送られて来るのはもちろんですが、条件付きで合格通知を出してくれた学校にも直接送られる仕組みとなっていました。そこで、まずはそれらの学校に「不受験通知は間違いだ」というレターを速達で出しました。Eメールなどない時代ですから、もうドタバタです。

その後途方にくれました。「不受験」に関して「どこにどう文句をつけたらいいのか」わからなかったからです。上智大学は会場を貸しただけのはずですが（どういうプロセスを経たか忘れましたが）、「受験した」という事実だけは証明してくれました。外国人の先生が証明してくださった記憶があります。それから教育課長経由で、三井信託NY支店にGMAT本部にコンタクトしてもらうことにしました。**後から聞いた話ではNY支店は「研修生なら、そんなことは自分でしろ」とカンカンだったそうです。しかし私の当時の英語力では如何ともしがたく、無理を承知でお願いしたのです。**

そのうちに事態が判明し問題は解決したのでしょう。ぽろぽろと合格通知が来始めました。**合格通知とは大体「I am happy to」か「I am pleased to」で始まりますから、手紙を開封すればすぐわかります。**ちなみに不合格は「I am regret to say」で始まります。ノースウエスタン大学からの入学通知書は

「The Admissions Committee has reviewed your application for admission to the Graduate School of Management and I am happy to inform you that you have been accepted to the Master's Degree program to begin study in September, 1978」でした。

日本で知名度がなかったノースウエスタン大学に進学

合格した中で当時7番目とランクが一番高かったノースウエスタン大学を選びました。しかし、当時のノースウエスタン大学の名は日本人には全く知れ渡っていなくて、当時日本に就航していたノースウエスト航空とよく混同されました。よく「ノースウエスト大学、合格おめでとう」と言われました。教育課長や人事部長からは「なんだ、ノースウエスタン大学か」とがっかりした様子も感じ取れました。ハーバードとかスタンフォードを期待

されていたのでしょう。

ところが、「幸運」なことに、のちにノースウエスタン大学の評価がうなぎ上りに上昇したのです。のちには「すごいビジネススクールを卒業しましたね」とよく言われましたが、私が入学した時は、全米7位のビジネススクールにすぎなかったのです。ラッキー！ です。

米国では毎年、大学の学部長や就職担当者等で投票をして学校のランキング付けをし、それが公表されます。それが非常に権威あるランク付けなのです。

日本ではどの学部でも東大が一番の評価ではないかと思いますが、米国では学部ごとに違います。ノースウエスタン大学は医学、冶金《やきん》、音楽、ビジネスの分野で評判の高い大学でした。

学部長（ディーンと言います）のコトラー博士というマーケティングの権威のおかげでしょうか。ビジネススクール内でのランキングがぐいぐい上がって、数年間ハーバードやスタンフォードを抑えて1位を連続して取りました。これで米国における評価も確立したようです。

卒業当時は米国人にさえ「ノースウエスタン大学のビジネススクール卒」と言っても怪《け》

訝《げん》な顔をされることがあったのですが、今「ケロッグスクール卒」というとビジネス関係の米国人なら、皆わかってくれます。

ちなみに日本で「ケロッグスクール卒だ」と言ったら、テニス仲間のクゼ夫人から「そう、水戸納豆学校みたいなものね」と言われました。違います。**ケロッグスクールと言っても「コーンフレークの作り方を教えてくれる大学」ではないのです。一種の命名権みたいなものでケロッグ社が大量の寄付をしたので、それを記念して、こういう名前がついたのです。**今では日本人で米国のビジネススクールを狙う人たちにとっては、皆さんご存じの学校になったかと思います。**何はともあれ7位だった学校が1番になったのですから、卒業生としてはラッキーもいいところです。**

最近の私は為替や金利の相場を読み間違えていますが、学校の将来性だけは正しい読みをしたということになりましょうか（笑）。

留学までの3か月間で結婚しなくては……

渡米の時期が近づくにつれ、留学の2年間を精神的に耐えられるのか心配になりました。人一倍のさびしがり屋だったからです。

教育課に籍を置いていたわけですが、ある時、ウダ教育課長が「フジマキ君、勉強ばかりしていると顔が青白くなるぞ！　一度、会社のテニス部の練習に参加しろよ」と誘ってくださいました。そこで見つけたのがマネージャーだったアヤコです。中学校から青山学院で、大学ではテニス同好会に入っていました。経営学部の鵜沢ゼミです。会ったその日、千葉支店時代に無理して買った黄色のいすゞ117クーペで自宅まで送っていきました。2番目の初恋の女の子をゲットしようとして無理して買った車です。当時、若者にとって車は憧れでした。その中でも、日産フェアレディZといすゞ117クーペが双璧だったのです。

アヤコにあげた婚約指輪が13万円だと書きましたが、祖母の代襲相続をしたのにもかかわらず、預金が全くなくなっていたのは、女性陣へのおごりとこの車の購入のせいだったのです。**ちょっと聞くとドラ息子のように聞こえるかもしれませんが、私は「素晴らしい伴侶を見つける」のは若い時の「最重要の仕事（？）の一つ」だと思っていたので、そのための投資には金を惜しまないことにしていたのです。車に惹かれて男性を選ぶような女性が、伴侶として適切なのかは、今から思うと極めて疑問なのですが。**

父が最初に買った車がサニーで、大学時代はカローラ、チェリーと１０００ccクラスの車を乗りついでいました。前輪駆動のチェリーは大好きでしたが「この車、いいぞ〜。自分の手足のように動くから」と言ったらT君から、「お前の手足はそんなものか？」と言われて、悔しくて「いつかいい車を買ってやろう」と思っていたのも事実です。

ちなみにこの１１７クーペのことを、数年前、私のブログに間違えて「黄色の１１９クーペ」と書いたら、すぐ読者の方から反応がありました。「黄色ですから『１１７クーペ』の間違いだと思います。『１１９クーペ』だったら赤のはずです」と（笑）。

最初にアヤコに会った日にこの１１７クーペで家に送って行ったわけですが、会ってすぐアヤコのことを気に入りました。なにせ１番目の初恋の女の子には完膚なきまでに振られ、２番目の初恋の娘には、電話でプロポーズして、振られていましたし（会ってもくれなかったのですからプロポーズする方が異常だったのですが）、もうこの娘（アヤコ）しかいないと思ったから必死でした。留学までの3か月以内に婚約をしなければ、と。

ちなみに「1番目の初恋、2番目の初恋では振られ続けた」との話を、先日、宴会の席で、皆に披露していたら、同席していたアヤコが鋭く突っ込んできたのです。「じゃ〜、私はなんだったの?」と。その時、安易に「3番目の初恋だ」と答えてしまいました。**完璧な失敗です。すぐ気が付きました。こういう時は「本当の恋だ」と答えるべきでした。**

この本にそう書くと、アヤコが万が一、この本を読んだ時、「あなたは、また口だけ」と怒りそうですが。ちなみに「口先男」とはボート部のコックスのような人のことを言うのですが、私は3か月だけといえどもスキー部でしたから。あしからず(笑)。

4 人生観を変えた海外留学

渡米の日、胴上げをされて……

成田空港は1978年5月20日に開港ですから、私の渡米は約3週間後でした。当時、空港は過激派騒動で、見送りに入れませんでした。

それで三井信託の千葉支店の人たち、人事部の人たち、中・高の親友たちは箱崎のバスターミナルまで見送りに来てくれました。当時は海外への留学や転勤時には胴上げが流行っていましたから、私も箱崎のバスターミナルで胴上げをされました。

先日、テレビ局に渡してあった、その胴上げの写真が「ディーリングで連戦連勝」というコメントの時に使われていました。いい加減！と思いましたがね（笑）。

何はともあれ、私が留学した時代は海外に行く際には胴上げが当たり前だったのです。

婚約は、会社に言っていなかったので、人事部の人に見つかるのはまずいかと思い、アヤコは柱の陰から見送ってくれました。少しかわいそうだったかなと今でも思います。

しかし、私たちは戦略を練っていました。成田空港には航空券を持った人なら入場できましたし、箱崎からのリムジンバスにも乗れました。そこで1日1便だったと思いますが、成田—札幌間のチケットを買い、それでアヤコは成田空港に入場しました。そしてガラガラの空港で、しばしのお別れをしたのです。もちろん、涙もろい私は涙、涙ですが、アヤコは、こういう場合はしっかりしています。

便所の壁の下から男がのぞいていた!

17時発のサンフランシスコ行きJAL2便で出発した私を見送った後、アヤコはすぐ札幌行きチケットを解約し帰宅しました。こんな見送り方をアレンジした人はそうはいないと思いますが、昔からいざとなれば私は悪知恵が働くのです。

現地時間、同じ6月11日の10時にサンフランシスコに着きました。着いた直後に空港で便意を催してトイレに入っていたら、隣の便器とを仕切る壁の下から男がのぞいたのです。初めてのアメリカの最初の出来事がそれです。とんでもないところに来てしまったと思いました。その後、高校時代のテニスクラブの仲間・トミタ君の車に乗って彼の留学先・スタンフォード大学に行きました。彼の寮の部屋に2泊させてもらいましたが、すばらしい環境には驚きでした。その後、ノースウエスタンのあるシカゴ近郊のエバンストン経由でイェール大学附属語学学校のあるコネチカット州ニューヘブンに移動しました。

エバンストンを経由したのは下宿探しのためです。ノースウエスタン大の寮を申し込んであったのですが、空きがないとの回答だったので、下宿先を探さなければならなかったからです。

イェール大学の寮で銃殺騒ぎ

エバンストンで宿舎を決めた後、ニューヘブンに飛び、イェール大学附属の語学学校に行きました。6月19日から8月4日までです。日本人の語学留学生も多く、休み時間は、彼らとソフトボールをしたりして結構、遊んでいました。まだ緊張感はありませんでした。

ただニューヘブンという町は、当時、非常に治安が悪く、その辺だけは気をつけていましたし、それが最大のプレッシャーだったと思います。留学前に日本でいろいろな団体が行うガイダンスに行きましたが、NY等の大都市では「夜、車道側を歩け。路地側を歩くと強盗に路地に引き込まれる」などと注意を受けました。

実際に、イェールの寮で深夜、乾いたパーンという音を聞いたこともあります。翌日、寮の1階下の部屋で寮生が銃殺されたという話を聞きました。

当時の私の英語力ではそれ以上の情報は得られませんでした。ひょっとすると自殺だったのかもしれません。

とんでもないところに来たものだと思いました。翌日から、部屋に鍵がかかっているのを何度も確認するようにしました。

経済と犯罪率は比例する、を実感

経済があまり調子よくない時代でしたから犯罪率はかなり高かったようです。**「やはり経済は良くなくてはいけない。貧困化すれば人の心はすさむ」とつくづく思いました。ついでに言うと、経済評論家の中には「貧しくてもよい。貧しいなりに生きればいいのだ」と説く人がいるようですが、とんでもないと思います。そういう思想は哲学者や教育論者に任せて、経済学に携わる人はいかに景気を良くするかに専念するべきだと思うのです。私の経験からすると、やはり人間は豊かな方が、他人に寛大になれ、犯罪は減ると思うのです。**

犯罪に関して言うと、NYに長らく住んでいる高校時代の友人を訪ねた時、乗っている車の一台前の車が路地で止まりました。どうしたのかと思ったら、7、8人の中学生ぐらいの若者が自転車で走り込んできて、持っていたビール瓶を何十本も前の車に投げつけていったのです。車は必ず施錠しろと言われていましたが、すぐ鍵を再確認しました。粉々に割れたガラスが散乱していましたので、バックで退散しました。

NYの地下鉄も、「車掌の乗っている真ん中車両にしか乗ってはいけない」と言われました。一度、降りる駅を間違えてハーレムまで行ってしまったときは、本当に怖かったです。1車両の中に数人の、いかにも悪そうな黒人しかいないし、窓から見えるビルの窓は破れ放題、まさに当時のハーレムは廃墟だったのです。何かあったら金をすべて渡して許してもらおうと思っていました。何も起こりませんでしたけど。

ハーレムの話といえば、ノースウエスタン大学時代に友人になったジョージのことを思い出します。彼は体が大きく、アメリカン・フットボールの選手のような体格ですが、性格温厚でまじめな青年でした。今は弁護士になったと聞いています。その彼が夏休みに、バスの運転手のアルバイトをしたそうです。深夜遅くなり、人相の悪い黒人がバス停で待っていたら、停車はしないようにしていたといいます。他の運転手同様に、ハーレム街は路線図を無視して迂回してしまうこともあったそうです。「人種差別だとか、職務怠慢とかいう非難は受けなかったのか？」と聞いたら「ぜ〜ん、ぜん」と言っていました。生命の危険を感じ取っての行動だったからでしょう。

シカゴに移ってからも、夜、シカゴ大学のそばを車で通ったら、パトカーがライトをつけて道を照らし、その前で警官が仁王立ちで警戒しているのを見ました。怖かったです。我がノースウエスタン大学はシカゴから車で30分のエバンストンという綺麗な街にありました。もっとも、私が住んでいた大学院生の寮が境で、寮は道を隔てて、黒人居住区と面していました。

ある夜、親友の日本人K君が寮の前庭で黒人の暴漢に襲われました。K君は暴漢の「マネー、マネー」という言葉が聞き取れずに「アイ・アム・ソーリー、アイ、ベッグ、ユア、パードン、サー?」と最上級で聞き返してしまったのです。その結果、K君はナイフを持った強盗に殴り飛ばされました。おちょくったと思われたのでしょうね。**最上級の言葉を使っての応答も、時には、まずいようです。**

運よく後ろから人が来て、暴漢は逃げ、K君は事なきを得ました。犯人が捕まった時、警官が「刺されなくてよかった。あの男は頭が少しおかしくて、今まで何人も人を刺している」と言ったそうです。そんな人、野放しにするなよな、と思いますけどね。大柄で剣道4段のK君はのちに「あの時、割りばし一本さえ持っていたら!」と言っていましたが、私は知っているのです。警官の話を聞いた時、K君がぶるぶる震えていたことを(笑)。

あの時と比べると、現在の米国大都市の治安は格段に良くなったようです。ＮＹのタクシーも地下鉄もきれいになりました。数年前、アヤコが友人3人のセンチメンタル・ジャーニー（昔住んでいたところをめぐる旅）に同行させてもらってニューヨークに1週間滞在しましたが、帰国して一言「ＮＹ、ちっとも怖くなかったわよ。ＮＹを怖がるお父さんの臆病ぶりには再度、感心したわ」と散々私をコケにしました。たしかに私は小心者です。

しかしＮＹが安全な街に変わったのは経済力の回復が極めて大きな原因だとも思うのです。また、１９９４年５月から２００１年末まで市長を務めたルドルフ・ジュリアーニ３世の強いリーダーシップのおかげでもあります。彼のおかげでＮＹは全米で最も安全な大都市になったとも言われています。政治家のリーダーシップの重要性が表れている良い例です。政治家によって社会は全く違ったものとなります。後で書きますが、英国のサッチャーもその典型です。

吉川洋教授との出会い

治安の悪いニューヘブンでの語学研修でしたが、今から考えて一番の出来事とは、ある日本人との出会いでしょうか。大学の寮に入っている日本人はあまりいなかったので、夜はいつも寮の食堂の片隅でしょぼくれて食事を取っていました。

ある日、やはりしょぼくれた貧乏学生風の日本人らしき人が座っているのを見つけました。無精ひげで髪の毛もボサボサで、落ちぶれた感じの方でした。まだ日本を離れてから2週間ぐらいしかたっていないのに、もう日本人が懐かしかったのでしょうか、私は「日本人の方ですか?」と声をかけ、それを確認した後、隣で一緒に食事をさせていただきました。学部学生かと思ったら、学者の卵先生だったのですが、ちょうど奥様が帰国しているので、寮で一人で食事をしているとのことでした。妻が帰ったら家に遊びにいらしてください、と言われました。

後日、約束通り、電話がかかってきてご自宅に呼ばれたのですが、びっくりしてしまいました。奥様がとんでもないほどの美人だったからです。洋服など全く気にしない、しょぼくれた風貌の先生からは想像出来ないほどの超美人だったのです。先生も、ひげをきちんと剃《そ》り、髪の毛もピシッとされていました。**奥様とはこれほど大事なものなのか？　と思いました。**

実は、この先生が、今をときめく日本の大経済学者・東大の吉川洋先生だったのです。

さらに驚いたことに、四谷の雙葉学園で英語の先生をしていた叔母（水野千恵子）に「東大の吉川という先生にお会いしたよ」と手紙を書いたら、奥様は叔母の教え子で、私の妹久美子と雙葉で同じ学年だった、と返事が来たのです。叔母いわく「ミス雙葉でミス駿台でもあったのよ」。そして「駿台時代、そして東大に進学してからも、何人もの男子学生からものすごいアタックがあったそうだが、吉川先生が競い勝って射止めたはずだ」と書いてありました。

帰国してから叔母に「吉川先生、洋服など全く興味なくて、学問に人生の全てをかけていらっしゃるみたいだったよ。あの先生は将来、絶対に大成するね」と生意気なことを言ったら、叔母いわく「でも、競争相手に競り勝って、あのすごい美人の奥さんを獲得したのは、彼だからね」。**学問を究めるほど情熱的な方は、他のことでも極めるもののようです。**吉川先生とは、今でも本をお送りしていますし（この本もお送りします。怒らないでくださいね）年賀状も交換しています。

ただ、これほどの美人の奥様とお会いしても私の心は平静でした。アヤコと婚約していたからです。もし婚約していなかったら「多少は先生の方がハンサムだとしても、私と天と地ほどは違わないではないか。なぜ私が振られてばかりで先生がこんな素晴らしい奥さんをもらえるのだ」とひがんでしまったと思うのです。

フジマキ理論

一つを極める人は、何でも極める。それは、仕事でも恋愛でも同じである

精神的にも豊かな、地方都市での暮らし

その後、オハイオ州でホームステイをしました。8月6日から24日までです。地方銀行の副頭取の家でした。副頭取の家といっても米国では、(私の感覚では)中流の下でしょうか?

後にビジネススクールで習ったことによると、当時、米銀には1万4000行もの銀行があったそうなのです(今はかなり減っていると思います)。「Fed(米国中央銀行)の仕事は銀行の倒産を防ぐことではない。連鎖倒産を防ぐことだ」とビジネススクールで教わったときはカルチャー・ショックを受けました。前に書いた通り、当時の日本は護送船団方式と言って、「銀行は一行たりともつぶさない」と言う政策を取っていたからです。**日本では銀行がつぶれるなどということは常識外だったのです。日本の常識は世界の常識ではない、と思った一つの例です。**

ということで、銀行の副頭取と言えども、別に豊かな生活をしているわけではありませんでした。なにせ1万4000行もある銀行の一副頭取なのです。**米国の庶民という感じ**

でしょうか？　しかし毎日豊かな生活をしていて、人間の豊かさとは収入の多寡ではないな、と思いました。

副頭取はいつも明るいうちに帰ってきて、家の芝刈りをしたり、皆でバーベキューをしたり、週末には同じような生活レベルの友人と近くの湖でモーターボートに乗ったりして過ごしていました。また高校生の次男のアメリカンフットボールの試合や長男の野球の試合には、家族がそろって応援に出かけました。そこで近所の人たちとビールを飲んだりしての交流です。**当時の日本は「エコノミックアニマル」と呼ばれていた時代でしたから、両国の生活習慣のギャップに驚かされると同時に彼らの生活をうらやましく思ったものです。**

インディアナポリスにも連れて行ってもらい、インディー500のレース場の中をバスで走ったのもいい思い出です。自動車の中で見る野外の映画館はのちに日本にもできましたが、初めてのこの時は新鮮な驚きでした。

ユダヤ人夫婦とは、後に京都に新婚旅行

オハイオでのホームステイを終え、エバンストンに戻ってきてから、学校が始まるまでの約2週間の間は、学校がアレンジしてくれた家にホームステイしました。寮から車で5分くらいのところにあり、学校が始まってからもたまに遊びに行きました。ご主人のジョーダンはシカゴで段ボール会社を経営しているユダヤ人でした。奥様はジーンと言います。ちなみにこの夫婦は帰国後の我々の結婚式に出てくださいました。そのあと4人で高山、奈良、京都と新婚旅行をしました。今から思うと変な新婚旅行でした。ただ新婚旅行の1か月後、ハワイに1週間出かけたのでこれを新婚旅行ということにして、アヤコには納得してもらいました（納得していなかったのかもしれませんが）。

新婚旅行の後、小さな我が家の2階の4畳半に1週間くらい泊まってもらいましたが、当時言われていた「日本人の部屋はウサギ小屋」を実感したと思います。彼らのエバンストンの家に比べると、まさに「お屋敷」と「ウサギ小屋」くらいの差がありましたから。

それでも、「この家が建っている土地は××ドルくらいの値段がするのだよ」と言った

ら大変驚いていました。**東京の地価の高さは、彼らにとってもカルチャー・ショックだったと思います。**また東京での最初の夜、東京を震度4くらいの地震が襲いました。深夜でしたが、奥さんのジーンが「ガス爆発か?」と悲鳴を上げて我々の寝室に飛び込んできました。シカゴには地震がありませんから、生まれて初めての地震体験だったと思います。ジョーダンとジーンは2011年の3月11日の東日本大震災の直後に、「シカゴに逃げておいで。部屋はあるよ」とメールをくださいました。「犬がいるので逃げられない」と返事をしましたが、本当に感謝しました。

国際人になりたければ、禁煙せよ

彼らの家にホームステイした最初の日に言われたことは忘れられません。まず「家ではタバコを吸うな」でした。アヤコと婚約した時にアヤコから「私を取るかタバコを取るか?」との選択を迫られ、当然のこと「タバコ」をやめる決意だけはしていたのですが、ジョーダンとジーン宅での「家ではタバコを吸うな」の2週間の生活で完璧にタバコをやめることができました。あれ以来、たばこは1本も吸っていません。そのあと、ビジネススクールに行って気がつきましたが、**700人くらいいた学生のうち、タバコを吸うのはアジア人だけでした。米国人でタバコを吸う人は、数人にすぎなかったと思います。**白人に限って言うと皆無だったのではないでしょうか。葉巻やパイプ煙草を吸う教授はいましたが、**紙タバコを吸うと、軽蔑されるのをひしひしと感じました。**「それでもいいじゃないか?」とお思いになるかもしれませんが、やはりアメリカで生活していると、時折、無言の人種差別を感じることがあります。**タバコくらいで人種差別を受けたくはありません。タバコを吸うと低級民族として「見下される」感じがしたのです。インターナショナルの世界で仕事をしたい方は、早く禁煙した方がいいと思います。**

台湾人と私で、アメリカ人の黒人に連れられてシカゴにジャズを聞きに行ったことがあります。酒を飲みながらジャズを聴くのですが、大きな会場は開演前でまだガラガラでした。早く来た白人は前の方の席に誘導してくれるのですが、私たちは最後列のトイレの前の最悪の席に誘導されたのです。**「お前ら来るな」という姿勢があからさまでした。この感覚は日本で生活しているとわからないと思います。**

そういう人種差別を少しでも避けるためには、差別されるようなことは避けた方が賢明

だと思うのです。喫煙もその一つだと思ったのです。

ちなみに私が資金為替部長になった直後、米国人の女性が妊娠し「ディーリング・ルームを禁煙にしてくれ」と頼んできたので、ディーリング・ルーム内の禁煙令を出しました。日本では、外資、日系企業を通じて、オフィスを禁煙にした第1号ではないか？と私は思っています。

日本の常識は、世界ではまるで通じない

学校が始まる前に、もう一つやっておかなければならないことは米国運転免許証の取得でした。それまでは国際免許で運転をしていましたが、居住者として車を運転するとなると米国の免許証が必要なのです。そこで学科の勉強をしてから試験所に行きました。

車は自分のものを持ち込んで受験するのです。車は1年先輩のサノさんから買った1700ドルのムスタングです。今の為替で言うと14万円くらいです。2年後に700ドルで後輩の日本人に売りましたが、ひどい車でした。

1年と2年の間の夏休みに、アヤコと米国横断をしましたが、クーラーがついていなかったので、砂漠を横断するのが一大苦労でした。クーラーと言えば後に転勤となったロンドンで買った車にもついていませんでした。ロンドンでクーラーが必要な日は1年に1日か2日しかなかったからです。

またこの中古ムスタングは時速55マイル（約80キロ）以上を出すと震えだしたのです。ただこの時はオイルショック後で、燃費を抑えるために全米で、時速が55マイルに抑えられていたので好都合ではありました。スピードオーバーをすると車自体が警報を鳴らしてくれるのですから。米国ではヘリコプターからもスピード違反を監視していましたし、すれ違ったパトカーからもスピード違反を摘発されるので、注意が必要だったのです。この車ではその心配が全くなく安心でした。

免許の学科試験はスムーズに通りました。「日本人で学科試験に落ちるやつはいても実技で落ちるやつなどいない」と言われていたので、この段階で「一仕事、終わり」と思いました。ところが、なんと実技試験で落ちてしまったのです。どうも試験員が「左に曲がれ」と言ったのに右に曲がってしまったからのようです。

そこで焦りました。規則では2週間かそこら間をおけば再受験可能ということでしたが、それではビジネススクールの授業が始まっています。再受験の時間など到底作れないでしょう。そこでダメもとで事務のおばさんに事情を説明し、その日の再受験をお願いしました。**私の小心な性格でよく、そんなアクションが取れたと、今から思うと感心します。**

日本では2年間、仕事で毎日車を運転していたこと、日本の道は狭いのに無事故だったのだから、こんなに道の広い米国の道で事故など起こすものか？　というようなことを説明しながら懇願したのです。

するとと事務のおばさんはウインクして、その日の再受験を認めてくれたのです。杓子定《しゃくし》規の日本となんと違うのだろうと思いました。カルチャー・ショックでした。おかげで無事、運転免許証を手に入れ、ビジネススクールの勉強に専念できる態勢が整いました。

交通裁判所で主張して、無罪放免に

1年後には交通裁判所も経験しました。イリノイ州は車の前か後ろにナンバープレートを付けておけばいいのですが、機械式洗車をしていた時に、針金で結わえつけていたプレートが落ちてしまいました。そこでプレートを車の中ですが後ろから見えるところに置いておいたのです。それをパトカーに見咎められ、停車命令を食らいました。パトカーにつかまった時は「指示があるまで車から出るな。指示によって車の外に出る時は、ホールドアップして警官に危害を与えないことを明示せよ。そうしないと撃たれても文句を言えない」とガイダンスで教わっていたので、その通りにしました。ちょっとだけ怖かったです。

警官に罰金を払えと言われましたが「プレートは一応明示してあるから嫌だ」と返答しました。すると「罰金を払うか、交通裁判所に出頭するかのどちらかだ」と言うのです。どうせ大した罪ではないのだし、この機会に交通裁判所の見学も一興かと思い、交通裁判所に行くと答えました。そこで2週間後に出頭となったわけです。ご苦労なことに、この二人の警官も出席です。そこで、「車の中にナンバープレートを置いておいても後ろからよく見えるし違反だとは思わなかった。それに私は留学生で英語も出来ない」と普段以上に片言の英語で裁判官に向かって証言しました。罰金は払わされるだろうと覚悟して出頭したのですが、多少のお説教じみたものを聞かされた上で無罪放免でした。

米国がおおらかなのか、それとも私の主張のように、法律上ナンバープレートは見えればよかったのか、それとも裁判官の慈悲なのか、いまだによくわかりません。

分数ができないアメリカ人学生

9月22日に授業が始まってからは、ただただひたすら勉強です。秋学期が9月22日から12月9日まで。12月10日から17日まで試験で1月4日までが冬休み。1月5日から3月12日までが冬学期。続く試験は3月15日から20日まで。春学期は3月29日から6月1日まで。試験が6月2日から9日まであり、それから9月26日まで長い夏休みというスケジュールでした。

1学期に4科目ずつ取るのですが、最初の学期は4科目すべて必修科目でした。必修科目の中に数学と統計があったので助かりました。この2科目に関しては内容的には難しくなかったからです。また数式が多く教科書も他の科目に比べれば英語でも早く読めました。

クラスには過去数学を真剣に学んでいない文学部などからの進学者もいて、最初の数章はごくやさしいものでした。分数が出来るのかな?と思った人が混じっているのには驚きました。米国の一流校の一つだったにもかかわらず、全く数学がわからない学生がいたのです。**ただ授業のスピードはものすごく速く、それにほとんどの人がついて来たのには驚**

きました。

我々日本人、特に大学受験用に数学を学んだ人には全く問題ありませんでしたし、日本人留学生のほとんどは成績がA評価だったのではないでしょうか？

私も2年になってすぐの時に数学教師から「1年生のために家庭教師のバイトをする気はないか？」という手紙をもらいました。今、その手紙をひっくり返してみたら時給$5（今の為替で約400円）と書いてありました。

英語の勉強にはなるかな？　とは思いましたが、それでは教えを受ける側の学生に悪いと思って、「教えるほどの語学力がない」と断りました。

統計は確率を重点的にやりましたが、モルガンに入社してからリスク・コントロールの概念を理解する時にかなり役立ったと思います。

「オーガニゼーション・ビヘイビア」の授業はくだらない、と思いました。当たり前のことを、もったいぶって教えているだけではないか？と思ったのです。

1学期間かかって教わったことは「人を働かせるためには褒めればいい」ということだけだったと思います。クラスディスカッションでの発言によって成績が決まるので、授業としてはかなりきつかったと思います。救いだったのは、1979年にハーバード大のエズラ・ヴォーゲル博士が『ジャパン・アズ・No1』という本を書いたため、日本式経営が脚光を浴びていました。今だったら、日本式経営を説明しても「あ、そう」で終わってしまうか「反面教師としての話題」にしかならないかもしれませんが、当時は「日本の事情はどうか？　日本の経営はどうか」をしゃべるだけで発言点をもらえたのです。**私の単位取得は日本国の国力に助けられたわけです。**

大学受験に次いで、2度目の猛勉強の日々

米国人でさえ読み切れない教科書や資料を予習として読まなければならなかったのは、相当苦しい経験でした。死ぬほど勉強したと思います。浪人時代に次いで、二度目の猛勉強です。

人間、一生に一度や二度は死ぬ気で勉強する必要があると思います。**そんな時期には、皆、限界まで勉強すると思いますが、さらに人の上に立つためには、その限界を半歩超えて勉強しなくてはなりません。ほぼ限界まで勉強する人と、限界をちょっとだけ超えて勉**

強する人間。そのほんのちょっとした差で、後に大きな差が出るのだと思っています。当時もそう信じて、自分の限界を超える勉強をしたつもりです。

授業のある日とない日は週に半分ずつくらいありましたが、私は図書館を使わず自宅で勉強していました。

フジマキ理論

人の上に立つためには、限界を半歩超えて勉強せよ!

食事の時間が唯一の楽しみであり、唯一の運動

授業のない日は、朝・昼・晩と大学院の寮から300メートルくらい離れた学部学生用

の寮のカフェテリアで食事をしました。**食事が唯一の楽しみであり、そことの往復が唯一の運動でした。**

ここでの思い出は、カリフラワー、ブロッコリー、モヤシ、ニンジンなど生の野菜がバケツのようなところに入っていて、食べ放題だったことです。**今で言うサラダ・バーですかね。生野菜が大好きだった私には、これが毎日の楽しみでした。2年間、健康に過ごせたのは、このおかげかもしれません。**

土曜日は学部学生の寮が閉鎖なので、近所の中華料理屋に他の日本人留学生とつるんで出かけました。これは学期中の大いなる楽しみの一つでした。他の日本人留学生とは新日鐵、川崎製鉄、日本興業銀行、さくら銀行、国鉄、三井造船、三菱化学からの社費留学生組と、3人の自費留学生でした。**今と比べると社費留学生がかなり多かったようです。日本の国力が絶頂期で企業に余裕があったことと、まだ帰国子女がいなくて英語の出来る人材を企業が早急に欲しかったせいもあるかと思います。**

期末試験の終了後は、シカゴの町中の日本料理屋に繰り出して一杯やり、お寿司を食べました。学期中はその日を夢見ながら猛勉強したのです。

妻アヤコからの手紙で苦難を乗り切った

学期の間の最大の楽しみで、かつつらい日々を支えてくれたのはアヤコからの手紙でした。2日に一遍ほど送ってくれました。**本当に感謝しています。婚約してから来て本当によかったな、と手紙を見るたびに思いました。**手編みのセーターや掛布団も送ってくれました。最近では、あのころのアヤコの優しさはどこに行っちゃったんだろうと思うこともありますけどね(笑)。

ところで親友のカワテ君にとって私は、「ピョンピョン飛び跳ねる男」のイメージだったそうです。

大学院生寮の郵便受けは、私書箱のように配列されていましたが、私の郵便受けはその最上列に配置されていたのです。米国人サイズで作られていたので、身長の低い私では最上列に配置されている郵便受けの中を目視出来ません。つま先立ちしても郵便箱の奥まで手が届かず、感触によっても手紙の到着を確認出来なかったのです。アヤコからの手紙が待ち遠しくてたまらなかった私は、それゆえにピョンピョン飛び跳ねて郵便受けの中を確認していたのです。**そこを背の高いカワテ君は「何を色気ないことやっているんだ」と思いながら見ていたわけです。**

ちなみに、アヤコとのアツアツぶりをさんざん見せつけた償いに、カワテ君には、帰国後、叔母の教え子の雙葉出身の女性を紹介しました。大柄な彼にふさわしいモデルのようなスタイルの美人女性です。

日本の情報や食料は貴重品だった

2学期にもなると勉強の仕方や要領が多少なりともわかるようになりました。また英語も少しは進歩したので、精神的にだいぶ楽になりました。

相変わらずほとんどが寮での食事でしたが、エバンストン市内にある日本食をほそぼそと売っている店で即席ラーメンや日本酒を買ってくる余裕も生まれました。それ以上にアヤコが日本から頻繁に日本食を送ってくれました。

今とは違って、当時のシカゴで日本の情報や食料を手に入れることは、かなり難しかったのです。日本のテレビ番組は放映していませんし、まだビデオ装置も出来ていませんから、ビデオを見ることもできません。毎週日曜日に、日本人2世向けの「さくら放送」という、アクセントが時々おかしくなるラジオ放送があって、それが日本の情報を得る唯一の媒体でした。あと三井信託は、やはり優しくて週刊誌を送ってくれたのです。その週刊誌を勉強の合間に読むだけの時間の余裕は出来てきました。

週日も、学生寮で食事を取らずに、餅を焼いて海苔巻にしたり、カップラーメンを作ったり、就寝前に、オカカにしょうゆを垂らして、それを肴にウイスキーをなめたり、日本酒を飲んだりしていました。

法律で酒の販売が禁止されている国

エバンストンは〝ドライシティー〟と言って、**法律でお酒の販売が禁止されていました。そんな町が存在すること自体が驚きでした。**アル・カポネの時代では国全体に禁酒法が適用されていたわけですから、その名残かもしれません。

そういうわけで酒が買いたくなると隣町までお酒を買いに行かなくてはなりません。勉強の忙しい盛りに買い出しは大変でしたが、どうしても飲みたくなり自分を抑制できなかったのは祖父の血かもしれません。ちなみに、**町の境界線沿いにワンサイドだけ酒屋がずらっと並んでいる光景は奇妙なものでした。**

ゴキブリが大量発生するような留学生活

ごく簡単な食事は自分で作る（?）ようになりましたが、平日は、食後に食器を洗う時間がもったいなく、週末にまとめ洗いをしました。汚い話で恐縮ですが、夏の間は1週間もするとカビが生えてきて食器がカビだらけになります。それを熱湯消毒して洗剤でごしごし洗うのが日曜日の仕事になりました。米国のゴキブリは日本のとは違い、蟻の2、3倍の大きさなのですが、その小さなゴキブリが大量発生するのです。それに洗剤を吹きかけるだけでイチコロになることを発見しました。**今から思うととんでもない生活を続けていたわけです。**

最大のストレスは、冬将軍

冬がやってきて「シカゴの冬はとんでもない」ことも知りました。教育課には「大海のごときミシガン湖が凍てつき、弱き日光を受けて銀色に光れるは美観なりき。太陽がいつしか全く影を没し、夕闇が湖の陰から寄せてきて今日も又暮れようとしている」などとかっこつけた手紙を送りました。しかし、とんでもない。シカゴの冬はロマンチックどころか強烈なストレスでした。天気予報で見るとニューヨークやモスクワより段違いに寒いのです。また天気予報では「本日は××度になりますので、子供と老人は外出を控えるように」という警報が出ました。最高級のダウンジャケットとマフラーは必需品でした。マフラーを通して息をしないと気管支をやられるのです。大学院生用の寮は2つあるのですが、遠い方の寮から徒歩で通う院生は我々の近い方の寮で必ず一度暖を取ってから通っていました。私は冬は、数百メートルしかないのに車通学でした。校舎が面している大海のようなミシガン湖はもちろん凍結です。

雪が降りだすとすぐラッセル車が走りだし、塩をまくのですが、チェーンやスパイクタイヤは禁止でした。私は、ほとんど丸坊主の夏用タイヤで冬も通しましたが、カーブを曲がるとスケートのように横滑りしました。しかし、他の車にぶつけるのは当たり前だと思っていたので、気にはなりませんでした。**町中の車がぼこぼこでしたから。当時、日本では、車はまだ一種のステータスシンボル的な色合いも残っていましたが、米国ではベンツだろうがなんだろうがゲタ替わりでした。米国は、なんと豊かなんだろうと思いました。車をピカピカに磨き上げる日本はまだ成り上がり者だな、とも思いました。**

凍った道は怖いので皆、スピードはそんなに出しません。ですから重大な事故は起こりませんでした。エバンストンには1か所だけ坂道があり、頂上には信号がありました。そこだけは要注意でした。赤で止まらないように皆、タイミングを計りながら坂を上るのです。万が一、赤信号で止まってしまうと、丸坊主タイヤではどうしようもありません。タイヤが空回りして、再発進出来ないのです。しかし、それは皆、慣れたもので、坂下で待機していた後続車のドライバーたちがすぐ駆け上がってきて皆で押して発進させてくれるのです。雪国ならではの約束事でした。

クリスマスには、牧師さん宅にホームステイ

シカゴの冬は最悪でしたが、ホームステイしたオハイオ州の牧師さん老夫婦宅でのクリスマスは最高でした。クリスマスに帰るところのない留学生のために大学がアレンジしてくれたホームステイです。

これこそ〝ザ・ホワイト・クリスマス〟というロマンチックなものでした。アヤコがこ

こにいたらな、と切に思ったものです。

この牧師さんが住んでいた町は、白人しか住んでいない古き良きアメリカという町でした。クリスマスミサで牧師さんが「遠くから来た友人」と紹介してくれたせいか、町中で人と会うと皆が「ハイ、タケシ」とあいさつしてくれました。

犯罪なぞ全く起きそうもない平和な町でした。ミサの後は、子供たちが何台もの車に分乗して、一人暮らしの老人宅を回り、クリスマス・キャロルを斉唱するのです。雪がちらほら降ってきて家から漏れる明かりに子供たちの吐く息が映えて、素晴らしい雰囲気でした。子供たちを見る老人たちの優しい笑顔も印象的でした。クリスマス・キャロル・ツアーが終わると牧師さんの家には親戚が集まっていました。天井にも届くような、とんでもなく大きなモミの木の下にラッピングに包まれた、たくさんのプレゼントが置いてありました。

七面鳥のディナーの後、子供たちが大喜びでそのプレゼントを開けるのです。子供の頃見ていたTV『うちのパパは世界一』の平和で幸福な古き良きアメリカの家庭がここにあると思いました。これこそ本当の意味での豊かな生活だと思った次第です。

タケシ、クラシックくらい聞かなくてはダメだよ

年も明け、ビジネススクールの授業に出ていると、後ろの座席で日本の話をしている米国人学生がいました。そこで声をかけ、親友になったのがイェール大学卒のビル・ジャービスです。

彼は、ロースクールとビジネススクールに2年間ずつ行き、計4年間で法律とビジネスのジョイントディグリー（2重修士号）を狙っている学生でした。卒業後はニューヨーク州の弁護士になりました。彼に誘われて一度、ロースクールの授業に出たのですが、教授に指されるのではないかとヒヤヒヤでした。ビジネススクールと違って黒板は使わないし、知らない専門用語ばかりなので、教授の話が皆目わからなかったのです。**ビジネススクールでよかったと、つくづく思いました。**

ビルはコダックの町・ロチェスターの出身で、1年と2年の間の夏休みには、アヤコと一緒にビルの実家に泊まりに行きました。コレクションの銀食器が立派だったのをよく覚えています。ナイアガラ見物も彼の実家から行きました。彼はクラシックが大好きで、

「タケシ、クラシックぐらい聞かなくては駄目だよ」とゲオルク・ショルティが指揮していた第2黄金期のシカゴ・フィルのコンサートにつれて行ってくれました。30歳近くになってクラシック・コンサートに初めて行ったわけです。クラシック好きのアヤコの影響もあって、クラシック・コンサートにはその後、何十回と行くようになりましたが、ビルと出会わなければクラシック・コンサートとは縁のない人生を送っていたのかもしれません。

また彼はイェール大学時代、同窓生会館のレストランでソムリエのアルバイトをしていたそうで、ワインの基本も教えてもらいました。

モルガン時代の人気接待は、相撲

余談ですが、モルガン時代、ビルに教わったクラシックで日本人をよく接待しました。一方外国人の接待は主として相撲でした。最近、モンゴル勢が強くて元寇の時の仕返しを食らっている気がしないでもないですが、当時は横綱・曙の全盛期でした。外国人を接待している時、砂被りの席であまりに強い曙を見て「強ェェー！　まるで大蔵省みたいだ」

と思わずぼやいたら部下ウスイから「フジマキさん、大蔵省の為替介入で大やられしているからぼやきたくなるのは、よーく、わかりますが、相撲見ているときぐらい仕事のことは忘れましょうね」とお説教を食らってしまったものです。

砂被《すなかぶ》りでの観戦も外国人は大喜びでしたが、外国人用の最高の接待は相撲部屋見学でした。この相撲部屋見学のアレンジは親しくなった民放の元相撲アナウンサーの方を頼りにしました。部屋の後援会のクリスマスパーティーの券を何枚かまとめ買いしてあげることにより便宜を図ってくださったのです。このクリスマスパーティー券は日本人の接待用に使いました。

部屋の稽古見学に外国人は大喜びです。稽古を見て、その後一緒にチャンコを食べて、男性の場合は、土俵に降りて力士を押してもらうのです。押してもビクともしないことを体感させると大喜びしていました。もちろんいくばくかのお礼は払いましたが、チャンコ

を食べることを考えれば、昼飯代に毛が生えた程度でした。

ある時、場所の数日前の稽古を見に行ったことがあります。民放の元相撲アナウンサーの方が「もう場所が迫っていますから、今日は、皆、目の色変えてやっているでしょう。3時間はやるかもしれないから、飽きちゃうかもしれませんね」とおっしゃったのですが、実際には30分ほどで皆、稽古を上がってしまいました。聞いたら親方が北海道に出張中だったそうです。「なんだ、サラリーマンと同じじゃないか。ボスがいないと皆サボる」と思ったものです。**しかしこれではいけません（笑）**。「本番前の体調管理の日だ」と外国人には説明しておきました（笑）。

3か月間、我が家に滞在した友人ビル

ビルは私と知り合ってから、日本に一層興味を持ったようで、大学時代にかじったことのある日本語の勉強を再開しました。それで彼との会話は日本語英語ちゃんぽんとなりました。

私が卒業する時、「ビジネス&法律」の4年コース在学中の彼に「1年休学して日本に来ないか?」と聞いてみました。「興味がある」と言うので帰国後、彼のために仕事を探しました。三井信託に聞いてみたのですが、適当な仕事がありません。そこで、いろいろな英語学校に講師の口がないか打診しました。「日本に来ている米国人の中では、教育的バックグラウンドといい、品格といい、超一流講師になるだろう」と**三井信託千葉支店時代に鍛えたセールストークを駆使しました。**その結果、水道橋にあるELEC英語研修所が彼を採用してくれました。当時は労働ビザの取得が難しかったのですが、これで1年間の日本滞在が保証されましたし、生活費も出ることになったのです。

彼にはこの時が初めての海外滞在どころか初めての海外旅行で、来日初日の夜、近所のテンプラ屋に連れて行ったら、**時差ボケでゲーゲー戻していました。「胃をおさめるためにコーラが飲みたい」と言ったのには驚きましたが、あの時差ボケに悩んでいたビルが、後に海外出張を頻繁にこなすインターナショナル・ビジネスマンになるとは一種の感慨です。**

彼は3か月間、我が家に下宿しました。毎日、すごくシャワーを浴び、我が家のガス代が急騰したのには薄給だった私には多少堪えましたが、**「ガス代を気にせずにシャワーを**

浴びる」カルチャーの米国の豊かさには今更ながら感心したものです。３か月後に「もう自立できる」と彼は奥沢にあるアパートに移りました。彼は毎週、東京タワーにある教会に通い、そこでヘーゼルという英国人女性と出会いました。予感通り二人は2年後に結婚しました。ちょうど私はロンドン支店に転勤していたので、英国ブリストルでの結婚式には、当然のことながら参加しました。

ファイナンスを叩き込む、米ビジネススクール

３か月あった夏休みには、婚約中のアヤコをアメリカに呼びました。最初の1か月弱はシカゴにいて、大学で開催されているゴルフ教室や、ダンス教室に通いました。そして残り2か月は、アメリカ縦断の車旅です。ボロムスタングで西日を真正面に見ながら、ただただ一直線の平原の道を一路、西に向かって走ったのは圧巻でした。アメリカは広い！

この夏休みの旅行は非常に思い出深いものでしたが、その詳細は別の機会に譲ることにします。

夏休みが終わりに近づき、帰国するアヤコを見送ったオヘア空港では、涙が止まらなかったのを今でも覚えています。

2年になってからは、卒業は確信しましたし、精神的にはかなり楽になりました。1年生の時とは雲泥の違いです。

そこで授業の後に、たまにゴルフに行ったりもしました。車で15分も走ればゴルフ場があり、自分でカートを引いて回るのです。夕暮れ代金というのがあって、確か1ラウンド、2・5ドルくらいでしたから、3ホールとか4ホールだけやって帰りました。年3回か4回だけでしたがテニスもしました。

授業では、特に印象的なものはなく、淡々と受けていました。そもそも私は岡本ゼミ卒ですからファイナンス分野の知識はありました。**「正味現在価値」という概念は当時の日本では極めて珍しい概念だったと思いますが、米国のビジネススクールでは基本の最たるもので、叩き込まれました。**私は岡本ゼミで教わっていたのですが、他の日本人にとっては最新の知識と感じたことでしょう。

「プログラム・オブ・ザ・イヤー」を得た！

コンピュータ関連の授業は、日本に比べて格段に進んでいました。ＰＬ／Ｉというコンピュータ言語を習いプログラムを書くのですが、私は、その授業で「プログラム・オブ・ザ・イヤー」（その年作られた最良のプログラム）の称号を得たプログラムを書きました。実は私の一橋大の卒論は「コンピュータ・シミュレーション」で、パチンコゲームをコンピュータ内に作ったのです。それはフォートラムというコンピュータ言語で書いたのですが、それを今度はＰＬ／Ｉという言語に書き換えるだけでしたからお茶の子さいさいだったのです。

ちなみに、**こういう話をすると、すぐ私がパソコンのプロのように誤解されるのですが、違います。**

私が大学の時に使っていたのは、大型コンピュータです。プログラムしたものをパンチカードにパンチし、コンピュータ室に持っていき、それを大型コンピュータに流してもらって、アウトプットを得ていたのです。コンピュータ室に行く途中で一度パンチカードを落として床にばらまいたことがありますが、泣くに泣けません。最初からやり直しです。今、ワードに長文を書き、「名前を付けて保存」ボタンを押す前に、停電が起き、すべての文章を失う時のショックと同じです。

何はともあれ、私が精通していたのは、大型コンピュータのみです。「パソコンになると、何で、そんなこともできないのですか?」と部下に揶揄《やゆ》された時は、「バスケットのオリンピック選手が、同じ球技だからといって卓球も上手いとは限らないだろう」と答えていました(笑)。

また、モルガン支店長時代、市場オープン後にパソコンが開かず、IT部署の人間を支店長室に呼びつけ怒鳴ったら、「支店長、ソケットが外れていれば、どんなパソコンでも動きません。パソコンは電気で動きます」と言われてシュンとなったこともあるのです(笑)。

しかし、日本のコンピュータ導入の遅れはえらく気になりました。そこで帰国してから当時、文部省の初等教育局長をしていた柳川の叔父貴(のちの参議院議員・数年前に他界)にパソコンの早期導入を強烈に提案しました。**中古品ではあったものの、すぐ小学校にパソコンが大量導入されたのは、柳川の叔父貴が即座にアクションを起こしてくれたせ**

いだと思っています。

ただ、それから5年後にモルガン銀行に転職した時、モルガンでは一人に1台のパソコンが当たり前だったのに、日本では、例えば大蔵省や日銀でも部屋に1、2台という感じだったので、「日本の遅れは生半可なものではないぞ」と思ったのも事実です。

投機を悪と考える日本人、善と考えるアメリカ人

2年次のことで今でも鮮明に覚えているのは、試験のことでしょうか。

試験には「合格点を取らせるために全員が回答出来る設問」を出題してくれる先生がいます。証券論だったでしょうか、「その種の問題だ」と教授が断った設問は「今の米連邦準備制度理事会（FRB）議長は誰か？」というものでした。日本で言えば「日銀総裁は誰か」という質問です。正解は有名なポール・ボルカー氏でしたが、それを知らなくて答えが書けなかったのです。日本人といえども、銀行員の私が知らないのは恥で赤面しました。

また「市場にとって投機は悪か善か」という設問もありました。これも米国人は当然のこととして「善」と回答するでしょうが、当時の私、そして、きっと今日の多くの日本人は「悪」と答えるのではないでしょうか？　その辺に日本経済低迷の原因の一つがありそうです。このあたりの詳しい説明は続編の本に書きたいと思います。

ポートフォリオ理論は、F評価?!

2年次の最終学期の「ポートフォリオ理論」の試験にはまいりました。答案を返す前に教師が「何点から何点まではA、何点から何点まではDでなんとか合格、何点以下はF、そして今回の最高点は××点、最低点は××点」と発表したのですが、返された答案を見たら、私の点数は発表された最低点以下だったのです。卒業必要単位に1科目余計に取っていたので、これを落としても大丈夫でしたが、後がなくなるので多少心配しました。しかし、どういうわけかD評価でした。卒業直前だったのでお情けだったのでしょうか？

しかし、後にモルガン銀行は「ポートフォリオ理論」で本来F評価の人間に、大量の日本国債買いを任せたことになるわけです（笑）。

アメリカは偉大だ、と再確認しての帰国

卒業式は、それなりに印象に残っていますし、日本に帰る飛行機内での感慨はひとしおでした。私は藤原正彦先生の『若き数学者のアメリカ』（新潮文庫）という本を米国に持参していました。気分がくじけそうになると、本の最後の部分を読んで、「もう少し頑張れればこの心境を味わえるのだ」と絶えず自分を鼓舞していたのです。以下、繰り返し読んだ藤原正彦先生の『若き数学者のアメリカ』の最後の部分です。

「この漁火の頼りなさが、私の心を濡らした。どこからともなく霧の一団がやってきて、またたく間に、林立する高層ビルを被ってしまった。それはさらに広がり、深まり、町全体にたちこめ、それを包み、そして溶かしてしまった。私はこの霧の海に『私のアメリカ』が静かに沈んで行くのを感じていた。

『私のアメリカ』は太平洋で生まれ、大西洋で蘇り、この霧の海ににじんで消えた。（略）

追憶の波が私の胸に熱く寄せ、優しく返した。そして、その波がいつしか、くるくると渦巻き始めるのを酔いの回った頭でぼんやりと感じていた」

この最後の文を飛行機の中で読み返しながら日本までの飛行を楽しみました。**感傷的な飛行でした。もちろん成田にはアヤコが迎えに来てくれていました。**テニスでアキレス腱を切り、まだ完治していない足を引きずりながら来てくれたのが印象的です。

「アメリカは偉大だ」と再認識しての帰国でした。この時期は、経済的には日本経済の方に勢いがありました。しかし、いずれ抜き返されるだろうな、と感じていました。建国後200年たっていたにもかかわらず、新興国のエネルギーをいまだ感じたからです。民族の差を超えて国を愛する気持ちが強い反面、人種差別の問題で悩み、それに起因する治安の悪さも感じました。これは前述の通りです。そして極めて競争社会だとも思いました。しかし競争といっても陰気な競争ではなく、明るい競争でした。皆、つらくてもユーモアで吹き飛ばしてしまうような明るさがあったのです。

ビジネススクールで米コンプレックスを解消できた

正直言ってビジネススクールで新しい知識や技能がついたとは思いません。最大のメリットは「米国人、恐るるに足らず」という気概を持てたことだと思います。我々の年代、すなわち団塊の世代の多くは、アメリカ人に対してコンプレックスを持っていると思うのですが、それが払拭できたのです。

私の2年間の経験からすると、世界で最も頭がいいのは日本人とユダヤ人だと思いました。オリンピックで短距離走を見ていると、どんなに努力しても、日本人がボルトに勝てるわけがないと思ってしまいます。人種が違うのです。犬で言えば、どんなに足の速いブルドッグでも猟犬のグレーハウンドには勝てません。それと同じだと思うのです。しかし日本人は短距離走では負けても「頭脳では他の人種に負けない」という実感を持ちました。もっともこの優越感は、モルガンに入ってとんでもなく頭のいい外国人に会ってずいぶん修正されました。**ただ、天才はいないにしても、平均的に見れば、日本人は世界的に言って、かなり頭のいい人種だと相変わらず思っています。**

話は全く変わりますが、世界にはオリンピックに出るような運動能力を持ったスポーツ選手もいれば、ノーベル賞を取るような頭脳明晰な人もいます。**同様に人より抜きんでるほどの人格者も、世界には存在すると私は信じています。そう思うと世界が明るくなるような気がします。**マザー・テレサみたいな人でしょうか？

フジマキ理論●

世界で最も頭がいいのは日本人とユダヤ人

そして、もう一つビジネススクールで得たことは、「口喧嘩の仕方を覚えたこと」だと思います。

モルガン銀行に入社しても、私は外人とよく喧嘩をしました。**もちろん仕事上の喧嘩ですが、日本人にしては珍しいことです。**

「ディーリングで利益を上げていた」という実績に加えて、この喧嘩術を覚えたことにより、アメリカ人に一歩も引かずに議論が出来たのだと思っています。この喧嘩により存在感を出せ、NYに認められ、責任ある仕事を任せられるようになったのだと、私は思っているのです。

この喧嘩については「国際ビジネスコミュニケーション協会」発行の雑誌「Global manager」の2001年発行　第7号に書きましたので、読んでみてください。

ただ、ここに書かれてある内容はその後、モルガン銀行に転職した後の話なので注意してください。

私はアメリカのモルガン銀行に15年勤めた。最後の5年間は、支店長である。当然のことながら、上司にも部下にもそして仲間もnon-japaneseが数多くいた。仕事上だけの付き合いのnon-japaneseもいたし、それ以上に友情を深めたnon-japaneseもいる。

non-japaneseとの仕事上の付き合いに「あうんの呼吸」などというものはない。意見が合わないときは、徹底的に議論をする。それが、過敏になることもある。しかし、今思うに、友情を深めたnon-japaneseとは、私は喧嘩なり、徹底的な議論を一度はしているのである。喧嘩をし、徹底的に話し合うことは、non-japaneseと分かり合い、そして友情を深める上での必要なステップではないかと思ってしまうほどである。

＊　＊

アメリカ人のニックは私の喧嘩友達である。私がモルガン銀行に入社して数年たってから、ニューヨークより転勤してきた。私は彼と一日数回、喧嘩をした。喧嘩といっても、当然、口喧嘩である。もっとも、ニックは米国人としてはえらく背が低く、小柄な私と同じくらいの身長しかなかったから、力ずくの喧嘩になってもおかしくはなかった。ディーリング・ルームで大声で怒鳴り合うのである。

米国金融界の大物の子息という高貴な出生にもかかわらず、彼は汚い言葉を私に乱発した。ディーリング・ルームとは銀行の他の部署に比べると多少野卑な言葉の飛び交う所ではあるが、それにしても度を越していた。

ところで、私がアメリカのビジネススクールに留学して得た成果といえば、学問の修得というよりは、一つ目に外国人コンプレックスがなくなったこと。二つ目に英語で喧嘩ができるようになったことである。

彼らが怒鳴って捲《まく》し立ててくる時、私の稚拙な英語では、迫力の点で位負けしてしまう。そういう場合、「コノヤロー、バカヤロー」と日本語をまぜるのである。これでテンポがよくなる。対等な喧嘩になる。

このテクニックを生かし、私は毎日、ニックと口喧嘩をした。金利スワップという今では金融業にとって必要不可欠な商品の萌芽期である。「我々のグループがやるべきビジネスか、それとも彼らのグループがやるべきビジネスか」というビジネスの取り合いだったのである。今思うに、「このビジネスは成長分野だ」と見た点でお互いに先見性があった。

この喧嘩がニューヨークに知れ渡り、当時の会長であるMr.ウェザーストンが乗り出してきた。「最初は、個人的な喧嘩だと思っていたが、職務上の喧嘩であることがわかった。私が業務を仕切る。Mr.フジマキの業務範囲は××まで、ニックの業務範囲は××まで」という指令がニューヨークから飛び込んだ。会長命令である。この日、ニックと東京會舘の地下でとことん飲み交わしたビールの味は、いつまでも忘れない。

その後彼はニューヨークに戻り、えらくなった。その後も反発し合っていたと想像した人たちは、「もう少しニックがえらくなれば、フジマキは首だぞ」と噂した。とんでもない。我々はその後急速に仲が良くなり、彼を我が家に呼んだり、出張のときなどかならずコンタクトをとり合ったものである。

喧嘩というわけではないが、徹底的に討論したがゆえに仲良くなった例もある。

10年近く前だったろうか、為替のセールスの責任者はウイリアムというイギリス人だった。体は大きいのであるが、やさしい男であった。ところが何故か日本人の部下に今ひとつ人気がない。ある日、スイス人である私のボスが私を呼んでこう言う。

「ウィリアムがなぜいまいち日本人に人気がないのか、フジマキの思うところを書いて持ってこい」と言う。

私はすぐに、思ったままの問題点を書いてボスに渡した。てっきり、ボスがウィリアムとディスカッションをするための参考資料かと思った。ところが、ボスはなんと私が書いたその紙をそのまま、ウィリアムに渡してしまったのである。

そしてその後しばらくしてから、「フジマキ、彼と十分話し合ってこい」と私に命じたのである。これにはまいった。まさかウィリアムに渡すと思わないから、彼にとって相当な強烈パンチを直接的に書いてある。話し合いが始まると、体の大きなウィリアムが、私の前でポロポロと泣き出してしまったのである。それでも私たちは、徹底的に話し合った。包み隠そうにもすべてを書いてしまってあるのだから、徹底的に話し合わざるを得ない。

この後、彼は私の部下となったが、この話し合いのせいか、彼は私を献身的に支えてくれた。そして彼がモルガンを離れた後も、我々は仲の良い友人なのである。

フジマキ理論

外国人とは、思いきり喧嘩せよ。それが理解し合うコツだ

5 〝市場〟を知った外国資金課時代

鼻をへし折られた、資金為替部への配属

帰国して、配属が決まるわけですが、外国部か証券部への配属を覚悟していました。私が海外留学生コースを志望した時に配布されていた要綱では、「中堅行員の養成」ということで、「将来の配属は外国部や証券部に限らない」と書いてあったはずなのに留学中にもらった留学生コースの要綱では「国際化に対応し得る専門能力を有する国際ビジネスマンの育成を図る」に変わっていたからです。法律なら「遡及《そきゅう》は出来ないはずだ（注：法律成立以前の行為はその法律で罪することは出来ないという意味）」と文句をつけ得るでしょうが、社内教育の方針変更ですから、もちろん問答無用です。

予想通り外国部（後の国際部）に配属でしたが、予想通りでなかったのは「シンジケー

トローン（国際協調融資）の組成」を主たる仕事とする「国際融資室」ではなくて、「外国資金為替室」への配属だったことです。

2年に1度の海外留学生でしたから「エリートコースに乗った」という意識がありました。嫌な奴だったわけです。「当然、花形部署の国際融資室に配属されるもの」と思い込んでいました。それなのに、外国資金と外国為替を扱う外国資金為替室への配属だったのです。

今でこそ外国資金・為替業務には華がありますが、当時は完璧にマイナー部署でした。外国部は3階の外国資金課と外国為替課という市場部門と9階の「国際融資室とその他」とに分かれていたのですが、外国部長は9階にいるばかりで3階に降りてくるのは、年3回ぐらいだったのです。それが外国部長のこの部署への興味のなさを象徴していたように思います。市場部門は存在感がなかったのです。他の邦銀も同じだったと思います。**正直、がっくりしました。天狗になりかかっていた鼻が完璧にへし折られました。**

がっくりしたことが、実は幸運だった

しかし、「人間、万事塞翁が馬」です。私が後に外銀に転職できたのは資金為替が専門だったからです。

外銀に転職したとしても東京での市場取引ではやはり日本人の方が有利です。経済の状態を把握するためには机上の分析も必要ですが、景気を五感で感じ取ることも重要です。日本の景気状況を五感で感じ取ることにかけては、日本人が外国人に負けるわけがありません。ですから東京での市場取引なら外銀に入っても勝ち残れる自信があったのです。国際融資室で行っている業務では米国人の代わりに日本人を採用するメリットが小さかったと思いますし、語学能力の点でも不利な戦いになったでしょう。そういう面で私は「外国資金課」に配属となったことで運が開けたと思っています。

町で「猪野獣医科」という看板を見つけたことがあります。冷静に考えれば猪野先生という獣医さんの経営する病院なんでしょうが、ぱっと見た時は「猪・野獣・医科（イノシシ・ヤジュウ医科）」かと思ってしまいました。猪野先生、名前からして獣医が天職だっ

たんですね(笑)。私の場合も、今振り返ってみれば「ディーリングが天職だった」と思いますが、資金為替室に配属になった時は全くそう思いませんでした。麻雀は弱かったし、かけごとは大嫌いだったからです。あの時、外国資金課に配属されてがっかりしましたが、結果から見ると、私は天職に巡り合えた幸運な人間だったということです。

「モシモシ」ではなく「モシ」で出ろ!

ディーリング・ルームも今のような重装備の〝Theディーリング・ルーム〟とは全く違いました。情報端末のスクリーンは外国為替課長席と外国資金課長席に1台ずつの計2台のみ。ブローカーとは、さすがに直接回線が引かれていましたが、今のようにボタンを押せばすぐつながるようなシロモノではありませんでした。西部劇に出てくるようなグルグルとハンドルを回して発電する黒電話です。それも仲介業者1社につき1台です。当時、三井信託は仲介業者4社を使っていましたが、その黒電話4台が一番若輩者の私の机の上に鎮座しているのです。

その他に普通の電話器が1台あり、私の机は電話置き場と化していました。書類を書くスペースは机の4分の1くらいしか残っていませんでした。といっても、今日この原稿を書いている机も10分の9のスペースは書類やお菓子の空箱、飲み残しのコーヒーカップで埋まっていますから、今も状態はそんなに変わっていませんが（笑）。電話機が置いてなければ、書類の山が積み上がっていただけだと思います。

取引をする際には、黒電話のハンドルをグルグル回し、仲介業者が出ると「モシ」と話しかけます。「モシモシ」ではありません。「モシ」です。「モシモシ」と話しかけると先輩から「時間がないのに、のんびり話すな！」と叱られたのです。

まー、そのような言葉を使うことによって「自分はディーラー村の住人なんだ」というプロ意識を高めていたんでしょうかね。

力を入れた「裁定取引（アービトラージ）」

この時に一番、熱心にやっていたのは裁定取引（アービトラージ）です。

裁定取引というのは、市場間のゆがみを見つけ出してリスクを極小にしながら利益を生み出すことです。

当時、海外市場と東京市場では銀行間資金の貸し借りの金利が違うことがありました。例えばドル資金で6か月間の貸借の金利が東京市場では5%なのにシンガポール市場では5と1／4%というように、1／4%くらいの金利差がしばしば現れたのです。そこで1000万ドルを東京市場において5%でA行から6か月間借りておいて、瞬時にシンガポール市場で5と1／4%でB行に6か月間貸すとします。そうすると6か月間で1／4%、金額にして約12、500ドル儲かるという話です。

左手に東京市場とつなぐ直通黒電話を持ち、右手に普通電話でシンガポールの仲介業者と国際電話をつなげばいい話です。要はシンガポールの仲介業者と英語が話せれば簡単にできた仕事なのです。

そうこうしているうちに、他の銀行も東京市場とシンガポール市場間での金利差の存在に気がつき、同じことを始めます。皆が同じように東京で資金を借り、シンガポールで貸しますから、東京の金利はジリジリ上がり始め、シンガポール市場での金利はジリジリ下がり始め、いずれは同じになってしまうのです。

今は、英語を話せる人が非常に多くなり、情報端末が発展しているので、金利差の存在など一瞬のうちになくなりますが、当時は20分くらいは金利差が存在し続けたのです。**こういうビジネスは素人の方にはまず無理だったでしょうから、当時のマーケットにはプロだけが儲かる分野というのがあったのです。**

ただ、ここまで皆が情報にアクセスできるようになり、通信機器が発達してくるとプロだけがアクセスできる情報とかチャンスというのは、ほとんどなくなっていると思います。あるとすればそれはインサイダー取引に抵触する分野だけでしょう。

今、金融のプロが誇るべきは、商品や市場に対する知識と分析能力、そして経験だと思います。

そういう意味でマーケットで成功するためには、なにがなんでもいいですからマーケットで長く生き延び、経験を積むのが大事だとも思っています。

米銀では〝裁定取引〟はご法度

この金利裁定は邦銀にとって利益の源泉の一つではありましたが、なにせ一つ一つの取引は薄利です。そのため巨額をやっていました。しかし、モルガン銀行に移って知ったのですが、米銀では全くやっていないということでした。**米銀はバランスシートが膨らむのを極度に嫌がっていたからです。そんな薄利のためにバランスシートを使うのは犯罪だ！くらいの感覚でした。**

また当時、日本は前述したように護送船団政策を取っていましたから他の邦銀に資金を貸すのにリスクがあるとは思っていませんでした。**一方の米銀は「銀行はつぶれるもの」という前提で取引をしますから、今述べた裁定取引をリスクなしとは捉えていなかったのです。**ひょっとすると取引相手行がつぶれて貸金が返ってこないリスクもある。そういうリスクがある取引をそんな薄利でやってはいけない、という考え方だったのです。

アヤコとの結婚

9月15日に高輪プリンスホテルにおいて、岡本清先生ご夫妻の仲人で結婚式を挙げました。**私が留学中だったので、アヤコが一人で結婚式場探しに飛び回り、交渉していたのですが、婚約者が全く現れないので先方の担当者は、かなり訝《いぶか》しがっていたと後でアヤコから聞きました。**「先に結婚式場を決めておいて、それからダンナを見つける輩《やから》」だと思われたようです。結婚式までに相手が見つからなければ式場をキャンセルという輩です。

結婚式では三井信託銀行千葉支店時代のオオニシ先輩が、慶應義塾大学落語研究会卒の経験を発揮した司会をしてくださいました。「新郎は名門東京教育大学附属高校を卒業後、めでたく世界に冠たる一橋学院（注：くどいようですが予備校）に入学されました」と。

ところで、結婚後、アヤコは「あなたは私の言うことを全く聞こうとしない」とよく文句を言いますが、とんでもありません。アヤコによって私の人生は極めて大きく変わったと思うのです。彼女と結婚していなければ私は転職をしていなかったでしょうし、転職していなければ今のような満足のいく職業人生を送っていなかったと思うのです。

私が大学卒業時に三井信託を選んだ理由は「社長になれそうだから」だと書きました。いやみったらしい「出世馬鹿」だったのです。留学後、国際融資室に配属されず、高くなっていた鼻はへし折られましたが、それでも同期の中では出世街道のトップグループを走っていただろうと思います。

ところが、アヤコが出世というものに全く興味を持っていなかったのです。主任昇格の辞令をもらった時、会社から家に電話しました。「鯛の尾頭つき」とまでは言いませんが、いつもよりおかずが一品くらい多いかな、と思って帰宅してみると「今日は忙しかったのでお茶づけでごめんなさい」なのです。

長男・ケンタが生まれた後に「あなたが出世するよりもケンタが幼稚園で『フジマキ・ケンタ君』と呼ばれて『ハーイ』とキチンと答えられる方がよほどうれしいわ」と面と向かって言われたこともあります。

「いくら頑張って出世しても、家内が全く喜ばないのなら出世のかいがない」と出世への情熱がどんどん冷めていきました。伴侶によって人生観が変わる代表例みたいだな、と自分自身で思いました。

このことが、（ボーナス評価から勘案するに）出世街道のトップグループを走っていたにもかかわらず、三井信託を簡単に辞めた大きな理由の一つだと思います。もしアヤコではなく、出世好きの奥さんと結婚していたら、尻を叩かれつつ、50歳過ぎまで必死に働き続け、そして社内政治の余波とか自分の仕事上のミスとか何かで、結局のところ、出世街道を外れ、残る人生を「えらくなれなかった～」と、悔やみながら過ごしていたと思うのです。たとえ社長になれたとしても、今の私の人生の方が各段に刺激的で楽しく充実しているはずです。生涯収入も日本企業の社長さんよりも段違いで多いと思いますし、他の日本人では味わえない経験もさせてもらいました。モルガン銀行を辞めてからの第2、第3の職業人生も極めて刺激的です。**これは、ひとえにアヤコが「配偶者の出世に全く興味がなかった」ことから派生した結果です。感謝！　です。**

辞令
藤巻健史
昇進
部長
I'm home~
はぁ~い
MILK

6 転職を決意させたロンドン支店時代

恐れていたロンドンへの転勤

外国資金室に配属になった後、「海外支店に配属になるのではないか」とびくびくしていました。留学をしたことで私は一層、「海外生活には向かない」と確信していましたし、アヤコは実家の隣に住むその時の生活が最高の幸せだとわかっていたからです。

室長や次長が私の後ろで、しゃべっていると「私の転勤の相談では?」と自意識過剰になりました。

忘れもしません、1982年の正月3日。こちらから出してもいないのに次長から年賀状が来て「お役に立てずにすまん」と書いてあったのです。ギクッとしました。「海外転勤は嫌だ」と、はっきり次長に伝えていましたから、「役に立てなかった」とは転勤を防止できなかったという意味であることが明白だったからです。翌日の初出勤日、やはり内示が出ました。ロンドン支店でした。次長からは「すまん、どうしてもロンドンが君を欲しいと言っているので」と弁解されました。帰宅してその旨をアヤコに伝えたら、突然泣きだしました。生まれて30年近く、ずっと親と一緒に暮らしてきたのです。初めての親との別離だから泣くのはわかります。その日私は、台湾旅行に行っていた私の両親を成田まで迎えに行く約束になっていましたから、泣き続けるアヤコを置いて、後ろ髪をひかれる思いで成田に向かいました。両親を横浜の実家まで送り帰宅したら、アヤコはまだ泣いていました。結局一晩泣き明かしていました。

しかし、会社の転勤辞令です。そむくわけにはいきません。給料ももらっているのですから当たり前です。4月1日、ロンドンに赴任しました。もちろん海外赴任は嫌でしたが、三井信託が当時、開設していたNY、ロンドン、シンガポール、香港の4拠点の中ではベストの配属先だとは思いました。

4月1日は会社がアレンジしてくれたハイヤーで、一人で成田に向かいました。あの年は桜の開花が早かったのでしょうか、高速道路沿いの桜がとてもきれいで感傷に浸りながら桜を眺めていました。

とんでもなく荒れていたロンドン

英国は当時フォークランド紛争の真っ最中でしたから「アルゼンチンの爆撃を食らったら、地下鉄に逃げろよ」と半分冗談、半分本気の警告を受けながらの赴任でした。**当時の英国はひどいものでした。**「地下鉄のストライキが頻発するので、会社に近いところに家を借りろ」とまず言われました。地下鉄は「動く灰皿」とも言われていました。多くの人が地下鉄の中で煙草を吸い、吸殻を車内に無造作に捨てていくからです。地下鉄だけでなく、ごみ収集車もしょっちゅうストライキをし、町中にごみがあふれ返ることが多々ありました。携帯電話がまだ普及する前の時代ですから、外出中は公衆電話が頼りなのに、公衆電話の7割は壊れたままでした。

日曜日は中国人の店以外すべて休みでした。車は税金のせいで無茶苦茶に高かったのですが、よく故障しました。私のローバーも出勤途中でのランダーバード（交差点）の真ん中で故障してしまったことがあります。帰宅時まで放置しておいたのですが、レッカー移動もされず、駐車違反の切符も貼られていませんでした。罰金は助かりましたが、警官よ、働けよな、と思いました。

このとんでもない事態はサッチャーの出場とともにドラスティックに変わっていきました。まさにドラスティックに、です。日本では文献だけ読んで「サッチャーはたいしたことなかった」とか言う人がいますが、あの英国の変わりぶりを見ても、まだそう言い通すことができるか疑問です。若い人には是非、自分の目で見て物事を判断するようにしてもらいたいと思います。

観光ツアーではなく、海外に自分一人で行くメリットは、自分で見て、自分で感じ取ることだと思います。お仕着せの観光ツアーでは駄目です。

住居は〝その国らしいところ〟にこだわる

「会社に近いところに家を借りろ、できれば北の方に家を借りろ」と上司に言われたものの、私は南に家を探しました。ここでもやはりへそ曲がりだったようです。南を選んだ理由は本当に英国らしいところに住みたかったからです。経済面ではたしかに多くの問題を抱えてはいるものの、成熟した生活を楽しむ、紳士・淑女の国を見てみたかったのです。

北には黒人、中近東、アジア人が多く住み、私の英国に対するイメージとは違いましたが、南はイメージどおりでした。結局、私はテニスで有名なウィンブルドンのそばに住みました。地域的には、英国人としては中の中という地域でしょうか。**我が家の道路を隔てた老夫婦の家は、夕方5時になると、毎晩、ネクタイをしたスーツ姿のご主人と、きちんとした正装した奥様が、二人きりで窓際に二人で対面して食事をしていたとアヤコは言います。**私の帰りは毎晩遅いがゆえにアヤコは、いつもうらやましく見ていたそうです。

朝は地下鉄ノーザンラインに最南端駅から乗り込みました。公園の横の道を駅まで歩くので気持ちがよい通勤でした。

ただそれは夏の話で、冬はその分大変でした。夏は夜9時くらいまで明るく皆、外でピクニックをしたり、芝刈りをしているのですが、冬になると明るいのが朝9時から午後3時くらいまでです。毎日、真夜中に出勤して真夜中に帰宅しているみたいでした。

帰宅時はウォータールー・ステーションからウィンブルドンまで国鉄に乗って、そこにアヤコに車で迎えに来てもらったり、タクシーで帰ったりしました。

着任した年に、ウィンブルドンでマッケンロー対コナーズの決勝戦を見たのは、とても良い思い出です。偶然レナウンの方と知り合いになったからで、レナウンのマーキー（接待用テント）に入れてもらいました。その時、ある方が「明日は、爺さんの誕生日だから日本に帰らなくちゃ」とおっしゃっているのを聞いて「なに～、お爺さんの誕生日のために、わざわざ帰国する？　すごい日本人がいるもんだ」と思ったのですが、後で聞いたら、日本航空に勤めていらっしゃった壬生基博さんでした。お爺さんとは昭和天皇陛下です。それでは帰るのも当たり前ですよね。その壬生さんとは最近、いろいろなところで、お会いするようになりました。**当時は、「壬生さんとお話しする機会など将来二度とあるまい」と思っていましたから、人生いろいろです。**

ロンドンでの初産

ロンドンでの私生活面で最大のイベントは、長男ケンタの誕生です。
アヤコの母親は体があまり丈夫ではなかったので、出産手伝いでロンドンに来てもらうことは難しく、2人きりで乗り切ろうと決めました。

産科英語の単語帳を作って2人で必死で覚えましたし、医学書を擦り切れるほど読みました。出産ではいろいろ大変なことがありましたが、母子に取りつけられていた心音モニターの心音グラフの起伏が突然平らになってしまったのにはまいりました。私は半分気絶です。ところが医師が思いっきりモニターを蹴とばしたら心音グラフ線が再び起伏しはじめたのですから、ひどい話です。この国は本当に先進国か？　と思いました。

ケンタは2歳半で帰国したので英国のことは何も覚えていません。そこで10年ほど前、ケンタを連れて英国に行きました。生まれた病院や家を見せる目的です。残念ながら病院はマンションに建て替わっていましたが、家の方は昔そのままの姿で残っていました。我々が住んでいた家は、全く知らない人が住んでいたので、中を見せてもらうわけにもいきませんでしたが、ケン

タは家の前庭の小石を拾い集めていました。あれほど感傷的なケンタを見たのは初めてでした。

出産でも日本の常識は通じない

出産、子育てに関しても「日本の常識は世界の常識」ではないことを痛感しました。日本だと出産後、1週間は入院していると思うのですが、英国では数日で退院させられます。入院費が高いのも一因かもしれませんが、早く動いた方が母体にもよいという考え方でもあるようです。

また日本では出産後、母親はしばらくお風呂に入れません。感染予防のようです。しばらくはタオルで体を拭くぐらいだと思います。しかし、英国では出産当日にお湯に塩をガバッと入れて入浴させます。塩って殺菌作用があるのですかね?

ご存じかと思いますが、英国では赤ん坊はうつぶせ寝をさせます。そのせいか、確かに我が長男・ケンタの頭の格好はいいですね。頭の格好よりは中身がいい方がうれしいのですけどね（笑）。

また子供が風邪をひくと水風呂につけます。そんなことしていいのか？　と私は思いました。

フジマキ理論●

日本の常識は世界の常識ではない

大人社会で苦労した長男の子育て

ケンタは神様から授かった最高の贈り物だと思いましたが、子育て自体は大変でした。

まず夜、寝ないのです。私が仕事が終わってから病院にケンタに会いに行くと、他の赤ん坊は皆すやすや寝ているのに、ケンタだけがぱっちり起きているのです。夜は、赤ん坊だけを母親から離して、一つの部屋に集めているのですが、十数人のブロンズ頭の中に黒髪の赤ん坊一人だけが目を見開いているのです。

これは、今後、大変だと思いました。

案の定、退院後も、夜中じゅう起きて大泣きするので、アヤコと2、3時間おきに交代であやし続けました。真夜中に近所を乳母車で回ったり、車で近所を走り回ったりしました。振動が心地よいせいか車に乗せると寝るからです。

ケンタの育児経験と比べて、東京で生まれた次男・ヒロシの子育ては、なんと楽かと思いました。アヤコの両親が隣に住んでいたので人手があったのも一因でしょう。

英国は大人社会で赤ん坊や子供の地位は極めて低いものでした。その点もケンタの子育てが大変だった理由です。スーパーでベビーフードとペットフードが同じ棚に並んでいるぐらいです。レストランでは子供連れが禁止でした。外食するからには、子供をベビーシッターに頼んでおいて、大人だけで食事を楽しむべきだという考え方です。私たちをかわいがってくれた隣の夫婦が「たまには遊んでいらっしゃいな」とおっしゃってくれたので、ケンタのことを何度か頼んだことがあります。しかし隣人宅の玄関を出た途端、ギャーギャー泣く声が聞こえると後ろ髪を引かれるのと同時に、隣人夫婦にも悪くて、外出を心底エンジョイすることは出来ませんでした。それで出産後は、おのずと外食の回数がガタっと落ちたのです。

旅行もひどいものでした。ルームサービスがあるホテルならまだしも、片田舎の小さなホテルではルームサービスなぞないし、それでいて赤ん坊をレストランに連れていくのは禁止なのです。電話機を外しておき、オペレーターが赤ん坊の泣き声を察知したら食事中の親に知らせてくれるというシステムでした。オチオチ食事をしていられません。そういうサービスのないところは代わりばんこに食事に行くしかありませんでした。

ケンタが生まれる前は英国生活を十分エンジョイしましたが、生まれた後はかなり大変でした。もちろんケンタが生まれたのはそれに勝る喜びでしたが。

英語で取引しても、慣れればちっとも怖くない

ロンドン支店の3年半の仕事は為替や金利商品のトレーディングが中心でした。銀行だ

ったので株の取引はやりませんでしたが、為替はもちろん、円資金、米国債やFRN商品、金利スワップ、FRAの取引など、ありとあらゆる取引を経験できました。

大きな金額を慣れない英語で取引するのは怖くないか？　とよく聞かれますが、我々が使っていたのは、一種の業界用語で純粋な英語とも違いますから、英国人であろうと日本人であろうと恐怖感は変わらないと思います。要は慣れているかいないか、だけの差です。

私のアシスタントについた、英語が母国語の女性が入社直後、「英国人ディーラーが何言っているのか、皆目見当がつかない」と言っていました。同じ日本人でも魚市場で仲買人が何を叫んでいるのかわからないのと同じでしょう。1ビリオン（10億のこと）を1ヤードと言ったり、「6と7／16％の貸し手レート、6と5／16％の借り手レート」のことを7―5と省略したりするからです。

そうは言っても、日本人は英語が不得意ですから、例えば15と50を間違わないように注意はしました。「ワン・ファイヴ」とか「ファイヴ・ゼロ」と言い直すのです。ですから「数字の聞き間違いや言い間違いで大損をした」という話は聞いたことがありません。

米国債の取引も印象的でした。今でこそ、米国債は世界中で取引されていますが、私がロンドンに赴任した頃は、米国債は米国内でしか取引されていませんでした。それが米国が源泉税を廃止した途端、世界中でものすごい勢いで取引されるようになったのです。**日本人はあまり気がついていないようですが、税制とは市場はもちろん、社会の仕組みさえも大きく変えてしまうものです。上手に税制を作ることによって、国の勢いまで変え得ると私は思います。**

直間比率の問題もそうです。また、私が円安論者なのをご存じの方もいらっしゃるかと思いますが、円安誘導も、税制の変更で簡単に出来ると思います。個人の為替取引の損失を他の収益で相殺《そうさい》できるようにするとか、外貨預金での為替差益を無税化するとかの税制改革です。

米国が源泉税を廃止した途端、米国債が世界中でものすごい勢いで取引されるようになったと書きましたが、それでも午前中の取引は微々たるものでした。取引の大半は米国市場が開く時間以降です。

ＬＩＦＦＥというロンドンの証券先物取引所での午前中の取引では当初、私の取引が半分くらいの取引量を占めていたほどです。当時の私はモルガン時代と違って巨額規模の取引をしていたわけではありません。ほんの小さな金額での取引です。それが半分の取引量だということは、午前中はほとんど誰も取引していなかったということです。**外資系銀**

行の米国債ディーラーは米国市場がオープンするまで出社しなかったのです。勤勉な日本人のサラリーマンディーラーだけが会社の出社時間通りに出社して、「出社したからには取引をした」ということに過ぎません。外資系銀行のディーラーは「儲けてなんぼ」の世界ですから、無駄な時間には出社しなかったのです。普通、多くのマーケットでは連続性があるものですが、米国債券市場はロンドン市場での値動きを全く無視してオープンしていました。

逆説的発想で、モルガンに転職

そのような仕事や生活をしているうちに、前述した親友のビル・ジャービス夫婦が競馬で有名なエプソンの我が家に泊まりに来たのです。我々はすでにウィンブルドンからエプソンに引越していたのです。NYからブリストルにあるヘーゼルの実家への帰省途中です。

その晩、ビルが「弁護士を辞めて転職を考えている。ちょうどJPモルガンに就職希望の願書を出したところだ」と言うのです。そこで「実は僕も転職を考えている。このままいくと、あと25年のうち20年は海外要員だろう。英語の話せる人材が少ないからだ。家内の両親にとって、ケンタは初孫なのに、彼らは体が弱くてロンドンに来られない。米銀だと毎年、会社のお金で帰国できるのに（当時の）邦銀だと3年に1度の帰国しか許されていないのだ。これでは両親は孫の顔も見られない。だから転職を考えている」と彼に心の中を打ち明けたのです。

逆説的ですが、米銀勤務だと海外転勤が少ないと見ました。私は〝日本人の〟市場人間である以上、強みは円関連商品なわけです。「ならば東京でディーリングをする可能性が一番高いはずだ」と思ったのです。

前述しましたが、アヤコが出世に全く興味がなかったので、その点に関してはすっぱり決断できました。また、失敗したら嫌だけど、セールスマンとしては生きていける、という三井信託千葉支店で養った自信も決断を後押ししました。それを聞いたビルは「タケシはキャリアや考え方が僕とそっくりだから、タケシの履歴書を作ってあげるよ。名前を替えればいいだけだから簡単だ」と言うのです。

当時はタイプライターだったのですが、私の履歴書を作成して、NYに帰ってから、モルガンにその願書を提出してくれました。それで面接を経て採用されたのです。よく「フジマキさんはさすがですね。優秀な人にはヘッドハンターがにじり寄ってくるのですね」と言われますが、違うのです。私はモルガンへの押しかけ女房だったのです。

ただこの時の転職は大変でした。アヤコの出世への興味のなさや、セールスマンとしての自信が後押しをしたとはいえ、まさに「清水の舞台から三度ばかり飛び降りるつもり」ぐらいの決断だったのです。

私が転職した1985年は、まさに終身雇用制真っ盛りの時代です。誰もが転職など考えたことさえない時代でした。

私が辞めると言ったら、3か月間の間、午前中は支店長室に軟禁でした。「辞めるのをやめろ」と説得されたのです。これは決して「私が優秀だったから」ではありません。**終身雇用制下で、部下が辞めてしまえば、上司に人事管理能力がないとの評価が下されてしまうからです。**その点では上司の方々に大変申しわけなく思っています。

当時のモルガン銀行東京支店長だったガーバー氏が三井信託本店に乗り込んで、仁義を切ってきてくれました。「フジマキを貰い受けるけど、三井信託とモルガン銀行の友好関係は今後とも、継続いたしましょう」という仁義です。

ここまでしてもらって転職し、失敗したら「二度と金融界に戻れない」のはもちろんのこと、歩合給のセールスマン以外、ホワイトカラーの仕事は、もうないだろうと思いました。終身雇用制真っ盛りですから、正社員の中途採用など、どこもやっていなかったからです。しかもディーラーです。失敗のリスクは他業種に比べてべらぼうに高いのです。だからこそ「清水の舞台から三回飛び降りるつもり」で転職したのです。

三井信託の役員会では「留学費用を請求すべきか否か」が議題になったそうですが、卒業後5年間勤務していたので、請求はできないだろうとの結論になったと後で聞きました。

年間200万円の駐車場収入があった

こんな状況でも転職の決断が出来たのは、まず一つ目に、今まで述べてきたようにアヤコが「出世」に対しての興味がなかったからです。二つ目は、正社員ではなくても歩合給のセールスマンなら務まるだろうという自信が、三井信託千葉支店の経験からあったからです。三つ目は、米国に留学してアメリカ人コンプレックスがなくなっていたからです。そして四つ目に、三井信託で5年間ディーリングの経験を積んで、それなりに自信がついていたからなのです。さらにもう一つ、大きなものがあります。それが、収入面でのセーフティー・ネットの存在です。

産みの母が3歳の時に亡くなった際、祖母からの代襲相続で年間200万円の駐車場収入が上がる土地をもらっていたからなのです。当時の三井信託の給料はそれなりに高かったので、200万円は相対的に小さな金額でした。それでもアヤコの実家の隣に住む家があって家賃はただでしたから、アヤコが「200万円あれば、なんとかやっていける」と言ってくれたのです。アヤコは物質欲はあまりありませんし、父親から「どんなに貧しい人のところに嫁いでも生活できるように」と独身時代、結構質素な生活をしていたので、「心の底からそう言えた」のだと思います。

もっとも、最近アヤコとこの時の話をしたら、「いいえ、私はずっと、転職に反対でした」と言われました。どちらの記憶が正しいのかわかりませんが、記憶とはあやふやなものです（笑）。それとも2人の間のコミュニケーションミスだったのでしょうか？　そうだとしても結果オーライのコミュニケーションミスでした（笑）。

世間では「子孫に美田を残さず」とよく言いますが、**私は年間200万円を生む財産を祖母からもらったからこそ、転職ができたのです。私の人生の選択の幅が広がったのです。祖母にはとても感謝しています。**ですから私は「子孫に美田を残さず」論に、もろ手を挙げて賛成する気にはなれないのです。

7 世界で勝つことを学んだモルガン時代

とにかく苦しかった転職直後

転職してからの3か月間、ディーリングでちょぼちょぼと負け続け、3000万円くらいの損が溜まってしまいました。**後年ならば目をつぶった瞬間に損してしまうぐらいの小さな損失額でしたが、転職直後で、右も左もわからない私にはショックでした。取り返しのつかないロスを入社早々してしまったと思ったのです。**「これではクビになってしまう」と大いに心配しました。家に帰るなりソファーに横になって新聞を広げる。もちろん文章など頭に入ってきません。アヤコが「夕飯は?」と聞いても生返事しかしない。アヤコが言いました。「その顔、昔、見たことがある。友達のお父さんが倒産した時の顔だ」。**本当につらい毎日でした。**

モルガンに入った年のケンタの運動会の時のことは今でも鮮明に覚えています。快晴の日曜日でした。息子の運動会は普通、父親にとってとても楽しみな行事です。ケンタは運動神経が良かったのでその活躍を見るのは大変な楽しみだったはずです。しかし、その年は「明日にも首を切られるか」とビクビクしていた時でした。「クビを切られたらどうしようか？」「タクシー運転手をやろうか？　ただ人よりは英語ができるから、成田と東京往復の外人専用ハイヤー運転手ができるかもしれないな。それならタクシー運転手さんより多少は楽かな？」「それとも保険か車のセールスマンをしようかな？」などといろいろ考えていました。もしくは多少は貯まった貯金で再度大学に行って歯科医師になろうかとも考えました。**ケンタの活躍ぶりもボーッと見ているだけで「今後、生活の糧をどうして稼ごうか？」と真剣に悩んでいたのです。**

勝負をかけないと、苦境は脱せない

その後、２つの大きなイベントがあり、流れが変わりました。

一つはクリスマスイブの日の出来事でした。対顧客担当の部署が大きな金利スワップという ビジネスを持ち込んできました。彼らは反対取引をすぐ行い、その場で利益を確定しなくてはいけません。我々ディーラーのようにリスクを取ることが仕事ではなく、マーケットの変動リスクを取ってはいけない立場の部署なのです。ところが持ち込まれた金利スワップは額が大きく、市場で反対取引をするのは、まず不可能だったのです。そこで私にポジションを取ってくれないか（＝私の責任でマーケットの変動リスクを取れないか）と聞いてきたのです。

ところが私は入社早々で、それほどの大きな勝負をしていいのかわかりませんでした。そこで帰国中のフランス人ボス、ドミニック・ジョージに国際電話をかけたのですが、外出中なのか電話に出てくれない。しかたがないので東京に残っていた唯一の幹部のガーバー支店長の家に電話したのですが、「市場のことはわからない。なんとかしてドミニック・ジョージとコンタクトしてくれ」と言うばかりなのです。

ここで私は悩みました。こんな大きな勝負をしてマーケットが反対方向に動けば、大きな損となり、クビだろう。また制限額以上の取引でもかなりの叱責を受けるだろうし、たとえ儲けても、ひょっとするとクビになるかもしれない、もちろん負ければ弁解の余地がないだろう、と。
しかし**私は決断し、勝負をかけました。大きな決断でした。**後でボスにチェックしてもらうと幸いぎりぎり制限以内、そして私の思った方向に金利が動き、大きな利益が生まれました。それまでの損など簡単になくなりました。この取引の利益で気分的にもかなり楽になったのです。

土壇場に来ると、人は力が出る

入社直後に苦しんでいた私を立ち直らせた、もう一つの大きな出来事は資金為替部長のドミニック・ジョージと私だけが残業で残っていた時に起きました。

円の短期金利が海外市場で急速に上がり始めたのです。確か突然公定歩合上げの噂が流れたせいだったかと思います。

他の人は帰宅していたので、私は、金利上昇の気配を資金為替部長室にいたドミニック・ジョージに報告しました。東京市場は閉まっていますから、東京市場では何もできません。そこでパリオフィス経由で、円資金をどんどん取ることになったのです。午後10時くらいから始めて真夜中を回った頃でしょうか、何回もドミニックに電話がかかってくるのです。話しぶりからして奥さんからです。何度目からかは喧嘩のような口調になっていきました。そして午前1時を回った頃にかかってきた電話を切った途端、ドミニックは「フジマキ、後は頼む」と言って、即、帰宅してしまったのです。ドミニックはフランス人で、前職はパリオフィスの資金為替部長でしたから、パリオフィスの連中は、彼のことをもちろん知っています。しかしその日の私は、ドミニックが行った取引の伝票書きとかアシスタントのようなことしかしておらず、パリとの電話に出たことはありません。過去にも話したことはないのです。パリオフィスは私の名前さえ知らなかったでしょう。

それなのに引き継ぎの電話もしないで、ドミニックが帰宅してしまったのです。私は、えらく心配になりました。パリオフィスは私のことをモルガンの社員と信じてくれるだろうか？　ドミニックが突然帰った理由をどう説明しようか？「奥さんとケンカした」などとは言えないし……。その後、どう言い訳したのか覚えていませんが、パリオフィスは私を信用してくれて取引を続けてくれました。

翌日、東京市場でも短期金利が急騰してオープンし、巨額ではありませんが、そこそこの利益を上げることができました。

私はこの時、ドミニックの信頼を勝ち得た！と思いました。

この2つの出来事で私は「クビの心配がなくなった」と確信し、気分が急速に楽になっていったのです。

忘れっぽいことが、ディーラーには不可欠

ドミニックは残念ながら50歳過ぎに亡くなってしまいました。とても残念です。ものすごく頭のいい人でした。筋無力症にかかったのですが、亡くなる半年くらい前に、奥さんと日本を再訪しました。死を覚悟した「思い出旅行」だったと思います。あの時の再会を思い出すと涙が出ます。

彼は、集中力がすごくて、天才の一人だったと思いますが、それがゆえにボケているところもありました。「今、何時？」と腕時計を見たのですが、その時ビールをこぼしたのです。そりゃ、そうです。腕時計をしているのが右手で、ビールを持っていたのも右手だ

ったのですから。シンガポールに出張の時、飛行機が飛行場にタッチダウンした途端に安全ベルトを外し、立ち上がって棚から荷物を下ろし始めたのには驚きました。「こりゃせっかちだわ」と。まだ滑走路をハイスピードで走っている時で、一番危ない時間だったと思うのですが。

数年前、モルガンのOB会をやった時、私の部下で、その後モルガン証券の支店長になったナガセ君に「フジマキさん、ドミニックに怒られていましたね、『東京支店をつぶす気か？』って。勝負額が大きすぎたんですよね」と言われました。**私は覚えていないのですが、どうもドミニックに怒られたこともあるようです。**

ちなみに、この忘れっぽい、という性格はディーラーにとっては必要不可欠な性格のようです。マーケットで負けたつらい思い出を全て覚えていたら、すぐ精神に支障を来《き》たすでしょうから。

NYから「国債全て売れ」の強制的指示

今、話に出てきたナガセ君は東工大卒業後、サントリーに入り、サントリーからウォートンスクールに留学させてもらい、その後すぐモルガンに入ってきた男です。彼との最大の思い出は、1987年4月30日前後のNYとの攻防です。

当時はEメールがありませんでしたから、NYとの通信は電話かファックスかテレックスという機器のみでした。

忘れもしない4月28日、NYから一通のファックスが入りました。

「今、全世界で金利が急騰しているのに、日本だけ低金利のままなのはおかしい。保有日本国債のすべてを即座に売却しろ」という指示でした。私は当時、他の外銀より、1桁もしくは2桁多く、日本国債を保有しており、国債に対してガンガンの強気でした。NYの言うことを聞きたくありません。

そこで最初はファックスを見落としたフリをしようか、と思いました。しかし「それはあまりにまずい」ということで翌日の天皇誕生日、休日ですが部下のナガセ君に出勤してもらって「指示に従いたくない」旨のファックスをNYに送ることにしました。

「保有している国債を売りたくない。その理由はこれこれしかじかだ」という分厚い論文のような反論ファックスを休日の4月29日に1日かけて書きNYに送ったのです。

翌朝（30日）、ヒロシの出産でアヤコが産気づいたので、私は早朝から日赤病院に詰め、朝7時半に会社に電話をかけ、ナガセ君にNYの反応を聞きました。なんと、たったの1行「You should sell」（売るべし）の回答とのことです。**「これは言うことを聞かざるを得ない」とサラリーマンとして当然の判断を下しました。**NYが私どもの反論に納得せず、またなにか言って来たら、またその反論を書いてやろう、と意気込んでいたのですが、**1行だけというのにはまいりました。「問答無用」というメッセージがひしひしと伝わってきたからです。**

そこでナガセ君に「すべて売却」の指示を出しました。余談ですが、彼は計算間違いで国債を売りすぎてしまい、某生保から短期間だけ国債を借りました。足元を見られて、かなり高い借料を払わざるを得ませんでした（笑）。東工大卒も算数には弱いようです（笑）。

このファックスは、私の15年間に及ぶモルガン勤務のなかで、最初で最後のオーバールールというか、私の権限と意思を無視したNYからの指示でした。しかしまさに私はこれでディーラーとして生き延びることができたのです。

私が全ての国債を2・80%で売却した直後、金利は2・55%まで多少下落（価格は上昇）しましたがその後4か月で6%まで急騰（価格は大幅下落）しました。**あの時売却していなかったらと思うと、ゾッとします。**

当時の日本国債のチーフトレーダーは、すべて配属替えになってこの業界から消えました。私だけはNYに救われたのです。あの時、日本の国債トレーダーは私を含め、一種の熱気のようなものに包まれていて、冷静な分析が出来なかったのだと思います。

長期金利が2・55%まで下がった時、公定歩合は2・5%で長期金利が公定歩合に肉薄していました。通常なら、そんなことはあり得ないのです。

その状態に関し、某証券のチーフトレーダーは「2・55%の長期金利が低すぎるのではない。2・5%の公定歩合が高すぎるのだ」という名言をはきました。結局は、迷言だったことが判明しましたけど（笑）。ちなみにその方は、現在、国債市場ではないですが、他の分野で大活躍されています（笑）。

外から（NYから）の冷静な判断は重要だとつくづく思いました。

日本のマーケットはしばしばそういうことが起きるので気をつけなければなりません。

日本のことでも英語で書かれたものを読んで、「日本が外国人の目にどう映っているのか」に目を通しておくことは重要だとその後、思うようになりました。

あの時に私も日本国債を持ち続けていたら、この業界からキックアウトされていて、後の満足のいく職業人生を味わえなかったかと思うと、本当にＮＹに感謝！なのです。

フジマキ理論

日本のことであっても外からの目を常に意識せよ

小学校出の名上司、マーカス・マイヤー

ドミニックの後に赴任してきたのが、やはりパリの資金為替部長だったスイス人のマー

カス・マイヤーです。小学校卒の学歴しか持っていませんでしたが、彼も無茶苦茶に頭が良かったのです。

以前から切れ者で名が通っていましたので、赴任する前から東京支店勤務の日本人も外国人もピリピリしていました。ところが来日後3か月間、我々をニコニコ笑いながら見ているだけで何もしないのです。「なんだ、評判倒れじゃないか、怖くない」と皆が思い始めた頃、突然動き始めたのです。いや、動いたなどというシロモノではありません。それこそ、すべてを変えたのです。

美しいものに触れてこそ、いい仕事ができる

まず資金為替部長室が美術館のように変わりました。ここは自分が一日を過ごす大切なところだから贅沢にする、と言って部屋一面、絵画だらけにしました。彼がサポートする若い画家の絵ですから、資産価値はなかったと思います。しかし彼は絵を消耗品として見ていました。**美しいものに囲まれてこそ、いい仕事が出来るという哲学があったようです。**

マーカスに「私の長男・ケンタは数学は出来るが、音楽と図工の成績がひどい」と何気なく言ったことがあります。日本だと、「あ、それなら受験は大丈夫ですね」くらいの反応でしょうが、マーカスは「彼の右脳は大丈夫か？　医者に見せた方がいいのでは？」と真剣に心配してくれました。

彼にとって学問を司る左脳と美意識を司る右脳は同レベルに重要だったのです。彼の人生観には学ぶものがたくさんありました。それこそ日本の常識は世界の常識ではないと感じた教えがいくつもありました。

私がマーカスと一緒に出張した時、彼は私に向かって「このファーストクラスは、あまりにも機械的すぎて醜い。もっと有機的な要素を取り入れるべきだ」と言うのです。私もモルガン時代、出張は全てファーストクラスでしたが、ファーストクラスを使えるというだけで大満足で、デザインに文句を言うなどという発想などなかったので大変驚きました。なお彼は、出張には自分のお金で必ず奥さんを同伴していました。

自分の部屋の改修とともに彼はディーリングの中に喫茶室を作りました。予算2億円で椅子は1脚50万円の革張りでした。もちろん飲み物は飲み放題です。**緊張の連続であるディーラーには英気を養うリラクゼーションの場が必要だというのです。**

もちろんこのようなハード面だけでなく、人事から組織、ディーリングへの取り組み姿勢から、時価会計での評価の導入など、何から何まで全てを変えました。日本の場合、前任者のやり方を踏襲するのが美徳とされることがあります。コーヒーカップまで前任者のものを使います。しかし、**外資の場合、前任者と同じようなことをやっていれば無能者の烙印が押される**のです。

意思決定がトップダウンの米国企業

マーカスがすべてを変えた結果、東京支店資金為替部の業績は目に見えて上昇しました。このことは社長、会長に関しても同じです。意思決定がトップダウンだからでしょう。**日本の会社の場合、部下が起案して稟議書を上に回していくボトムアップの意思決定ですが、米国は全く逆のトップダウンの意思決定です。**

ですからトップの能力次第で会社の業績には雲泥の差が出てきます。

日本でよく「米国では会社の会長・社長の報酬が高いと文句が出ている」という記事が

散見されますが、決してそんなことはないと思います。**日本の基準で物事を判断してはいけないのです。**米国は真の意味で「株主資本主義」ですから、会社の持ち主は株主、以上です。その他の可能性はないということです。**日本のように「会社は誰のものか」などという議論など起きないのです。疑問の余地などないからです。**日本は会社の持ち主とは誰のことだかよくわかりません。ひょっとすると会社は従業員組合のものかもしれませんし、ひょっとするとメインバンクのものかもしれませんし、ひょっとすると経営者のものかもしれませんし、ひょっとすると株主のものということもあり得ます。

米国では会社が株主のものである以上、「業績を上げ株価を上げてくれる経営者」が「いい経営者」となります。いくら高額な報酬でも「業績を上げ株価を上げてくれる経営者」を会社の持ち主である株主は選びます。「報酬が安いが業績を上げてくれない経営者」よりよほどいいのです。従業員の一部が「会長の報酬が高すぎる」と騒いだとしても、それは単なる犬の遠吠えなのです。従業員は会社の持ち主ではないからです。他社に移ればいいいだけの話なのです。

そうは言っても、優秀な従業員に会社を去られてしまっては業績が悪化しますから、優秀な従業員には高額報酬を出します。そうしないと会社の業績が下がり、株価が下がってしまうからです。そうなれば経営者は、株主に首を切られてしまいます。

反対に、従業員の報酬を高くしすぎても業績が下がります。従業員への報酬額と会社の業績のバランスをうまく取っていくのも、経営者の能力です。ぼんくらな経営者よりも、高額を払ってでも優秀な経営者の方が株主にとってはいいのです。米国社会は十分それを理解しています。

リーダーの質によって会社の業績に雲泥の差が出ることを、私もモルガンで働いて十分理解しました。

また、米国企業は「完璧なトップダウンの意思決定」だと書きましたが、米国トップは若いですから、その意思決定をするだけの強靭な精神力と激務に耐えるだけの体力を持っています。

クリントン大統領が就任した時、モルガンの米国人同僚が言っていたことがすごく印象的です。「我々のプレジデントs（複数形）はともに46歳だ」と言うのです。一人のプレシデントはクリントン大統領、もう一人のプレジデントは、ほぼ同時期に就任した我が社・社長のサンディ・ウォーナーです。英語では社長のこともプレジデントと言いますから、「我々のプレジデントs（複数形）はともに46歳だ」という言葉が発せられたのです。

ちなみに米国の会社では会長が一番偉く、社長は2番目のランクです。

ロジックが素晴らしくても、胆力がなくてはダメ

マーカスは東京支店の資金為替部長から本店の資金為替本部長となり、次の社長候補5人のうちの1人と言われました。しかし突然、会社を辞めて第2の人生を歩み始めました。「会社を辞める」というマーカスからの国際電話を私が受けたのは、お客さんを接待していた国技館の中です。今でもそのとき受けた驚きを鮮明に覚えています。

彼は私の仕事上の師であっただけでなく人生の師でもありました。私が大満足の職業人生を送れたのは彼と出会ったからです。感謝の気持ちでいっぱいです。

ところで話を元に戻しますが、マーカスの東京赴任後の静寂な3か月間は人事評価期間だったようです。その期間に私は気に入られたのです。

「朝のミーティングは過去の事実を聞くためのものではない。そんなものはスクリーンを見ればわかる。フジマキだけが過去の事実ではなく、将来の予想と意見を述べている」と

皆の前で褒めてくれたこともあります。

ある時、彼の部屋に呼ばれ「フジマキは今の勝負で勝つ自信がどのくらいあるのだ?」と聞かれました。「90%です」と答えたところ、「それでは今の勝負額を3倍にしろ。NYからは私が許可を取る」と言ってくれました。

彼は会社や部の方針を立て、皆を引っ張っていく能力だけでなく、一ディーラーとして経済や市場を分析する能力、そして勝負をする胆力も持っていました。

ただ、東京マーケットを完璧に理解しているわけではありません。そこで3か月の間、どの部下に勝負を託そうかじっくり観察していたようなのです。もちろん市場動向予想に関しての彼の鋭い質問に答えられなければ失格です。予想は当たっていても、またそのロジックが素晴らしくても、胆力が無ければディーラーとしてはお話になりません。胆力もありと見込まれたのだと思います。

この段階で勝負額を3倍に増やしてくれたからこそ、後に私がモルガンの世界全体での儲け頭になれたのです。やはり大きく稼ぐには大きな勝負枠をもらわなければなりませんが、大きな取引枠は実績を残し、上司の信頼を得てこそ、もらえるものなのです。

どでかい勝負をする米銀

以前勤めていた三井信託銀行には大きな勝負をすることでマーケットでは知らない人がいないと言われた江見さん・西さんという2人のビッグディーラーがいました。

しかしモルガンに入って驚きました。江見さん、西さんの勝負額でもモルガン銀行の取るリスクと比べると桁外れに小さなものだったからです。

当時モルガンは、「一流の顧客と一流のビジネスを」が標語でしたが、それは一種の株価対策です。**実質的には非常に大きなマーケットリスクを取っていて、それが儲けの基幹でした。**

同じく超一流金融機関といわれるゴールドマン・サックスなど、もっとすさまじいのだと思います。大部分の利益は、マーケットリスクを取ることによって得ているのではないでしょうか？

「一流の顧客と一流のビジネスを」という標語は、たしかに投資家に安心を与えますが、実はそれほど儲からないのです。ただマーケットリスクを大きく取っていると聞くと、収益のブレが大きいだろうと投資家が心配してしまうリスクがあります。その意味で「一流の顧客と一流のビジネスを」という標語は、建前としてはすごくいいのです。

モルガンが大きなリスクを取れた理由

モルガンが大きなリスクを取れたのは一つには「多様化しているから」だと思います。

邦銀だと日本国債のチーフトレーダーは日本人、米国債のチーフトレーダーも日本人、英国債のチーフトレーダーも日本人、ドイツ国債のチーフトレーダーも日本人、それも日経新聞に大きく影響をされた日本人なのです。モノの見方が傾くわけです。

しかしモルガンの場合、日本国債のチーフトレーダーは日本人、米国債のチーフトレーダーは米国人、英国債のチーフトレーダーは英国人、ドイツ国債のチーフトレーダーはドイツ人と、その国の人間がチーフトレーダーとなります。読んでいる新聞も英語であればウォール・ストリート・ジャーナルからフィナンシャル・タイムズ、ニューヨーク・タイムズといろいろあるのです。

その結果、市場の見方が極めて多様化されていますので全員が大負けということがめったにないのです。

もう一つはリスク・コントロール・システムの研究・開発が進んでいたからでしょう。

現在VARというリスク・コントロール・システムを多くの金融機関が世界中で使っていますが、このシステムは、もとはと言えばJPモルガンのリスク・コントロール部門が開発したものです。

原発でおなじみになったストレステスト（最悪の事態が起きた時にどの程度の損害があるかのテスト）のコンセプトもそうではないかと思います。

邦銀の管理部門の担当者が私のところに、リスク・コントロール・システムに関して教えを乞いに来たことがありました。

ハワイの家を買う時にお金を貸してくれた銀行も来ました。お会いした早々、「貴社から借りたお金で買ったハワイの不動産、今大損していますが、それでもリスク・コントロール手法を私から聞きたいですか？」と冗談を言ったら、えらくまじめな返答が返ってきて、「しまった！　滑った〜」と思ったこともありました（笑）。管理部門の方だから性格的に本当にまじめな方だったのでしょう。

邦銀もずいぶん勉強していましたが、気になったのは「リスク・コントロール・システム」を構築した段階で安心してしまうように見えたことでした。間違えていけないのは「リスク・コントロール・システム」自身が利益を生むわけではない点です。「リスク・コントロール・システム」を構築して、そのモニターのもとでリスクを取ってこそ、初めて利益が上がるのです。

マーケットには「ハイリスク・ハイリターン、ローリスク・ローリターン」の原則があります。ハイリスクを取らなければハイリターンはないよ、ということです。低いリスクで高い収益が期待できるのなら、そんなおいしい話はありません。皆がその業務に殺到し、利益はたちまちになくなってしまいます。

リスク・コントロール・システムを構築しないうちにリスクを取る銀行はアホです。ただリスク・コントロール・システムをせっかく構築したのにリスクを取らないのもアホな話なのです。

銀行だからリスクを取らない方がいい、というのは「規制でがんじがらめ」だった時の考え方です。グローバル競争が激しい今、リスクを取らなければ儲けが出ずに倒産という最大のリスクにさらされます。

私がモルガンに勤めていた頃のモルガンの最終利益は、3兆円とか4兆円だったと思います。日本では過去1兆円を超える最終利益を計上したのは東京三菱銀行（当時）だけだったと記憶しています（確たる自信はありません）。昨年の日本のメガバンクの純利益は皆3000億〜6000億円の範囲だったと思います。

「規則だらけにして金融業を政府の監督下に置けばよい」と過激なことをおっしゃる方がいるかもしれませんが、銀行に限らず規制で守られていた産業は、国際競争に敗れて衰退しています。国際競争にさらされ筋肉質になったトヨタ等の企業のみが生き残るのです。

フジマキ理論

企業も個人もリスクを取らなければ倒産する時代になった

人生も「ハイリスク・ハイリターン」の原則

人生にも「ハイリスク・ハイリターン、ローリスク・ローリターン」の原則が適用されると思います。

人生観はいろいろですから、どういう人生を歩むかは人それぞれです。しかし、高い収入や高い評判というハイリターンを選ぶ人なら、どこかでハイリスクを取らなければいけないよ、ということです。ただリスク・コントロール・システムを構築しないでリスクを取る人は単なるギャンブラーです。人生の場合のリスク・コントロール・システムとは「勉強」に、他ならないと思います。

私自身は大満足のサラリーマン人生を送れましたが、このハイリターンはハイリスクを取ったせいです。私以降も三井信託から何人かが外資に転職しましたが、大体の方は失敗しているようです。終身雇用制の時代ですから、私はかなりのハイリスクを取ったといえるでしょう。一方で、そういう時代ですから、逆に競争は緩かったともいえます。

ディーリングの傍《かたわ》ら、採用の責任者を2年間したことがあります。「将来、お前が使いたい人材を採れ」とボスに言われたのです。そのため最終的な採用・不採用はすべて私自身で決めました。

その際、採用した連中は、今、外銀の幹部になったり、その他の組織でキーパーソンに成長しています。うれしい限りです。

私が入社した直後、JPモルガンは女性にとってとても人気のある職場でした。しかし東大卒の男性には人気がなく、人を集めるのが大変でした。しかし後年になって東大生が殺到するようになりました。東大卒採用企業ランキングの上位にランクしたこともあります。

支店長をしていた時、我が社の担当者がミスをしたので大蔵省に謝りに行ったことがあります。超真面目な顔の担当係長にお説教を食らって帰ろうとしたら、その担当係長さんがニヤっと笑って曰く「フジマキさんは覚えていらっしゃらないでしょうが、私、モルガンを受けてフジマキさんに落とされました。そのおかげで大蔵省に入れましたけどね」

私は45度下げていた頭をさらに90度まで下げ、最敬礼をして大蔵省を後にしました(笑)。

モルガン唯一の自己勘定取引

マーカスが私の取る勝負額（リスク）を3倍に増やしてくれたので大きな利益を上げることが出来たと書きましたが、3倍の勝負額（リスク）とはかなりの規模です。

私はプロップ取引と呼ばれる（銀行自身）の自己勘定取引をしていました。それも株全体、例えば日経225が上がるか下がるか、長期金利が上がるか下がるか等で、個別株の取引はしていません。ですから、多くのディーラーが携わるマーケットメーク業務とは少し違います。

ディーラーと聞くと、いつもバタバタしていてトイレに行く時間もないと思われているようですが、こういうディーラーが携わっているのはマーケットメークという業務です。体力や瞬発力のある若い人の仕事です。私も若いうちは、そういう仕事をしていました。お客さんのためにドルを買ってあげたり、株を買ってあげたりする。その際、鞘をいただいたり、手数料を貰ったりする仕事です。そうしながら経験を積んでいくと最後に自己ポジション取引をさせてもらえるのです。

その自己勘定取引、つまりプロップ取引とは「社内ヘッジファンドだ」と言われていましたが、「銀行自身のお金を使って、銀行のリスクで、銀行のために取引をする」仕事です。

モルガンという名を使って自分の好きな金融商品を扱っていいが、「何はともあれ儲けろよ」という仕事なわけです。例えば株価が下がると思えば、どっからか賃借料を払って株を借りてきて、その株を売り、値段が下がったら買い戻して貸主に返す。逆に、株価が上昇すると思えば、金利を支払ってマーケットからお金を借りてきて株を買う。そして高くなったら売り逃げて、回収した現金をマーケットに返すのです。「預かった預金がありますよ。それをどっかで運用しなさい」とかそういう話ではないのです。お金が必要だったら自分でマーケットから借りてくる必要があるのです。

所詮は、経済の予想当てゲーム（？）なのです。

最初はモルガンでも、世界で私しかしておらず（と言っても、「やれ」と指示を出したのはマーカス・マイヤーですが）「フジマキのビジネス」と呼ばれていました。後に「各支店の資金為替部長経験者を組織」した「プロップデスク」が出来たのです。世界で10人弱の構成でしたが、大変大きな勝負をして、JPモルガンの純利益のうちのかなりの部分を生み出していたのです。

私は「ベキ論」として円安論を長年述べているので、為替のトレーダーと誤解されるのですが、私が一番儲けていたのは、日本国債や金利スワップ等の金利商品の取引、それから株の取引き、そして為替の取引という順でした。為替の儲けも勝負額も一番小さかったのですが、後に私の部下になったメガバンク出身者が「出身メガバンク全体で取っている為替の勝負額よりも、フジマキさん一人で取っている為替の勝負額の方が段違いに大きいので驚きました」と言っていました。その為替取引が私の中では一番小さい取引だったのです。私はそのくらいの大きな勝負をさせてもらえていたのです。

予想屋とディーラーの違いは、逆境に耐える胆力

景気をきちんと分析できれば、長期トレーディングは簡単なはずです。景気が良くなれば株が上がる、だから景気が良くなると思えば、株を買っておいて後で売る。長期金利が上がる（価格は下がる）。だから債券を売っておいて後で買い戻す。円も強くなる。だか

ら円を買っておいて後で売り戻す。これにつきるわけです。すなわち、**長期取引というのは景気の予想当てゲームなのです。**

もっとも「低いところで買って高いところで売り抜く」か、「高いところで売っておいて安くなってから買い戻す」べきなのを、おうおうにして逆をしてしまうことも多いのです。だから悲劇が生まれ、喜劇も生まれるのです。

我々がやっていたのは、基本エコノミストとほぼ同じことです。

私は「だから、あの時ドルが上がるって言っただろう」とか「だから、あの時、債券価格はもっと上がる（＝金利は下がる）と言っただろう」とか、事後に言う人が大嫌いです。上がるか下がるかを予想するなど、誰にでも出来るのです。簡単なのです。「ドルが上がる」と思っても、実際にドルを買うのはガッツが必要になるのです。自信が必要になるのです。負けている時に、その逆境に耐える胆力も必要なのです。**単なる予想屋さんと我々ディーラーとでは大きな差があるのです。**

伝説のディーラーになる

マーカスに勝負額を3倍にしてもらったおかげで、大きな業績を上げることができました。1985年から2000年まで15年間モルガンにいたわけですが、会長から「伝説のディーラー」という称号までいただきました。〝レジェンダリー・フジマキ〟と呼ばれたのです。「伝説の」という修飾語は英語では最上級の褒め言葉です。マスコミでは私のことをカリスマディーラーとも呼ぶ人もいますが、そちらはマスコミが勝手につけた形容詞にすぎません。ちなみに最近、あるマスコミに「自称・伝説の」と書かれたことがありますが、さすがに「伝説のディーラー」を自称するほど嫌味な男ではありません。ただ、勝負に負けている時、「幻《まぼろし》のディーラー」を自称していたことはありますが（笑）。

あまりくどくどと書くと、嫌な奴だと思われてしまいそうなので、実績のデータを左に1つだけ出しておきます。

嫌な奴だと思うに十分な量がありますので、フジマキのことが嫌いになりたくない方はスキップしてください（笑）。

主要外資金融機関　1997年3月期決算
(Ranking per Operating Income for the Year Ended 3/31/97)

単位：百万円

社名	銀行	証券	信託銀行
JPMorgan	23,266	5,225	▲432
Morgan stanley	1,371	8,171	
merrill Lynch	381	7,444	
Citicorp	5,437	140	1,139
UBS	277	4,967	▲346
Swiss Bank Corp	1,104	3,222	
Chase	2,145	1,571	152
Deutshe Bank	4,030		▲118
Credit Lyonoals	1,722	849	
Credit Swiss	862	▲52	1,638
Salomon Brothers	746	849	
Societe General	1,515		
Commerz bank	1,384	▲299	
state street	▲10		123
Goldman Sachs	101		
Barclays	▲1,124		847
Westpac	▲562		
First Chicago	▲800		
Bankers Trust	▲1,785	▲842	898
Lehman Brothers	29	▲1,774	
Bank of America	▲3,706		

大手外資系証券10社　2012年3月期決算
(2012.8.13 日本経済新聞)

単位：億円

社名	最終損益（億円）
モルガン・スタンレー　MUFG	346（　224）
ドイツ	46（▲503）
ゴールドマン・サックス	47（　181）
バークレイズ	54
メリルリンチ日本	50
UBS	28（▲20）
JP モルガン	▲87
シティグループ	▲337
クレディ・スイス	▲2
BNP パリバ	▲87

*カッコ内は前の期実績。▲はマイナスか赤字

前頁にあるのはマスコミに発表された1997年3月期の利益の表です。一番上の左（JPMorganの銀行部門）が私のいたモルガン銀行の利益です。**年間232億円。他の外銀、外資系証券、外資系信託銀行の利益に比べて、段違いに多かったのがおわかりかと思います。**当時モルガン銀行は貸付を業務として行っていませんでしたから、収益を生み出すのは、為替の対顧客ビジネス部門と私のやっていた自己勘定取引だけでした。コストを考えると対顧客の為替ビジネスは収支がトントンでしたから、私一人で稼いだ利益から様々なコストを引いた金額が232億円だったということです。たまたま、この年の資料が手元に残っていただけで、この年に限らずモルガンは毎年、外資金融機関の中で断トツの利益を上げていました。

さらに下にある大手外資系証券の2012年3月期の決算という直近の資料と比べていただくと、232億円という数字がどのような数字かわかるかと思います。

モルガン・スタンレーMUFG証券の2012年3月期の346億円と比べると、利益額こそ多少落ちますが、従業員数4740人（2011年末は6621人）で上げた数字に近い利益を、毎年、一人で稼いでいたのですから、やはり自慢させてください。

外資がすでに日本に根を下ろしている昨年度の数字と比べても輝いていたと自負してい

ます。

休むのも見識

私が成功出来たのはモルガン銀行に転職したからですが、なぜ転職がよかったのか考えてみると、2つのことが、考えられます。一つは、最初は「フジマキ'sビジネス」と言われ、後にプロップ取引と呼ばれるようになった自己勘定取引をモルガンではやらせてくれたことです。それが意味することは、国債や金利スワップという金利商品、株、為替のうち、「今、どのマーケットが一番儲かるか」を判断し、そこに集中することが出来たということです。

当時の邦銀にはそういう部署がありませんでした。邦銀では、商品ごとにディーラーが決まっているのが普通です。国債のトレーダーであれば国債しか取引できないのです。そうすると、絶えず売るか買うかをしていなければなりません。

しかしマーケットには「休むのも見識」ということもあります。私のように「金利商品、株、為替」の数種の取引が出来れば、「金利商品と株の先行きがよく読めないから、今は為替取引だけやろう」とか「株と為替の先行きがよく読めないから、今は金融商品の取引だけをやろう」などのように、先行きの読みに自信のある商品のみを取引することが出来るのです。全部に自信がなければ、何の取引もしなくてもいいのです。2か月間、1枚も伝票を書かなかった、すなわち一度も取引をしなかった時もあります。

私のような小心者は目の前にボスがいたら、何もしないでボーとしていることなど不可能です。そこで全く相場に自信がないのに売るか買うかをして墓穴を掘るのです。自信のない時に取引をしても、まず間違いなく負けます。私の場合、NYにしかボスがいなかったので、怖い目が身近になく、何もせず、ボーとしていても済んだのです。

もっとも部下に足を掬《すく》われないようには注意しました。支店長室で足を机の上に投げ出して寝ていたら、そーっと入ってきた部下のウスイ嬢が写真を撮って騒ぐのです。「撮～っちゃった。撮っちゃった、支店長の居眠り撮っちゃった。NYに送っちゃおう」と。ボーナス査定シーズン直前でしたから、もちろんあわててフィルムを没収しました（笑）。

ニューヨークに1年間研修に行っていた財務部の若い人間が、帰国してから報告に来たことがあります。

「フジマキさんが、昼休みを3時間取ったり、午後3時頃にマッサージに行くためにディーリング・ルームから消える、という噂がニューヨークで流れていましたよ」「エッ、ばれてた？　誰がそんな噂を流していたの」「マイケル・コーリーです」「ゲ！　ボスだ」なんてこともありました。

それでもマイクはそのことに関しては一言も文句を言ってきませんでしたがね。なおマイケル・コーリーはマーカス・マイヤーの後任の本店の資金為替本部長です。私自身も「私は会社に時間を売って報酬を得ているのではない。利益を生み出すことによって報酬をもらうんだ」とうそぶいていました。

ですから「サボっていい」と言うことではありませんが、若者にも「会社の利益に貢献するんだ。自分で利益を生み出すのだ」という気概だけは絶えず持ち続けてもらいたいものだ、と思います。

なお、ニューヨークの研修（注：全世界の新入行員を

集めて6か月間行います）に行った東京オフィスのメンバーからは以下のようなメールをもらったこともあります。

I was in a class this afternoon and the topic was traders' view towards markets. The lecturer (a financial person supporting FX) mentioned your name and told us about your view on markets and how you made $$$. You are the legend in JPM!!!!

（訳）今日の午後、授業に出ました。授業のトピックは「マーケットに対するトレーダーの見方」というものでした。講師はNY本店で為替の部署をサポートしている財務部の人間でしたが、フジマキさんの名前を述べて、我々研修生にフジマキさんのマーケットの見解を述べ、フジマキさんがいかに巨額の利益を稼ぎだしているかを話していました。フジマキさんはまさに、ＪＰモルガンの伝説の人です!!!

ついに支店長拝命！

1995年には支店長職を拝命しました。当時の東京マーケットでは、外銀の支店長といえば皆、外国人で、私が唯一の日本人東京支店長でした。
だいぶ後のことですが、1999年4月9日には通信社ブリッジが左記のようにその経緯を説明してくれました。

His profits helped Morgan report income of 20 billion yen ($167 million) in 1997 to rank seventeenth among all foreign companies in Japan and the most profitable bank. Morgan has made its star bond trader branch manager in Tokyo.

（訳）フジマキが上げた利益で、モルガンは1997年に200億円の純利益を計上し、日本で営業する外資系企業の中では17番目のもうけ頭となり、最も利益額の多い外銀となった。モルガンはこのスター債券トレーダーを東京支店長に抜擢した。

（フジマキ注：ちなみにこの17位ですが、表によればアメリカンファミリー生命保険が3位で541億円、マイクロソフトが5位で297億円、富士ゼロックスが8位で286億円、いすゞ自動車が10位で262億円、日本マクドナルドが15位で229億円です）

頭を下げるのも仕事のうち

資金為替部長時代にも顧客のところにあいさつに行ったり接待をしたりしましたが、支店長になるとそのような仕事がさらに増えました。

部下が計算ミスをして日銀口座が不足したり、報告書にミスがあったりすると、私が頭を下げに行くのです。特にセクションヘッドが外国人だと私が謝りに行かざるを得ません。**まー、私は三井信託千葉支店時代や家庭内（笑）で頭を下げる経験をずいぶん積んでいますから、頭を下げるのは苦痛ではありませんでした。**神妙に頭を下げていれば世の中、大体穏やかに過ごすことができます。ただ、下げてもなかなか許してくれないボス（アヤコさん）もいることにはいますが（笑）。

私が資金為替部長だった時、資金為替部は5セクションありました。為替担当のシンガポール人、為替営業担当のイギリス人、円資金運用担当のフランス人、外貨資金運用担当のアメリカ人、総務課のアメリカ人でしたが、彼らのチームがミスすると、もちろん私が謝りに行かされていたのです。

支店長時代の私個人のボーナス額は、9割が私個人のディーリング業績により、1割くらいが支店長としての割り増しがあった、という感じです。ボーナスが出てくるお財布が違うのです。ディーリング結果に対するボーナスはNYの資金為替本部長が管轄するお財布から出てきますし、支店長職の部分は管理部門のお財布から出てくるのです。その合算が私へのボーナス支給額でした。もちろんボーナスは両者を合算して一括して払われるので、どちらの財布からどのくらい出てきたのかはわからないのですが、9対1ぐらいだったろうと私は推測しています。

ということで支店長職に対する報酬もありましたから、その仕事もやったのです。

モルガンでも会社のベストセールスマンに！

時には、東京のお客さんだけではなく海外のセールスの依頼を受けて出張もしました。そういうことに関してNYの幹部で私のボスの一人だったピラ・コンデ女史が以下のメールをくれたことがあります。

I would like very much for you to be part of the panel.
A great occasion for MDs to meet the legendary Fujimaki but even more importantly for them to see that what you do and your interaction with our clients make you one of our best salesmen.

（訳）パネルディスカッションのパネラーとしての参加を乞う。マネージングディレクターの面々が伝説のフジマキに会える絶好のチャンスだからだ。しかし、それ以上に、フジマキが何をしているのか、**そしてフジマキと我が社顧客との関わり合いが、フジマキを我が社のベストセールスマンにしているということをマネージングディレクターの面々に理**

解してもらいたいからだ。

何だかこのメールを今、読み返してみると、当時もっとボーナスをもらってもおかしくなかったな？と思います（笑）。

トイレに行く暇もないロンドン・パリ出張

この項の最後にある表が、その「我が社顧客との関わり合い」のための出張の一例です。ロンドンにいた日本人の部下からは、「もうすぐロンドンで作っているスケジュール表が手元に届くかと思いますが、トイレに行く時間もなさそうですよ」というメールが届きました。

部下のウスイ嬢いわく「出張を受けなければよかったのに。お客さんにチンケな顔をお見せして下手な英語を披露するからには、カリスマ性はぶっ飛びますよ」と（笑）。

この時、講演の内容を考えていて**「西洋人はユーモアを愛するから大変だ。どんなユー**

モア入れたらいいのかな？」とつぶやいていたら、部下のウスイ嬢が言いました。「そんなこと考えなくて大丈夫です。フジマキさんの場合、英語の下手さ加減で、十分笑いを取れますから」ですと（笑）。

<ロンドン・パリ顧客訪問出張の様子> ～当時のメモより～

JAL401便で16時25分にロンドン到着

Athenaeum Hotelに泊まり、翌朝8時からサリーさんという中近東のファンドのチーフ・ファンドマネージャーとの朝食会議@彼のオフィス（ピカデリー）。その後、2つほど大手ヘッジファンドのオフィスを訪ねてオーナーとのミーティング。後の方に訪問したファンドのオーナーの奥さんは元アメリカ大統領の孫娘とのこと。

ロンドンオフィスに戻り、70人の顧客に向かって ランチタイム・プレゼンテーション（昼食付）

ちょうどワールドカップの真っ最中で、飛行機が全く取れないにもかかわらず、ヨーロッパ中から顧客が集まってくれたとロンドン支店のセールス担当者が感激していた。数人の日本人も参加者。日本人の前で下手な英語をしゃべるのは本当に嫌だ。

注：アヤコから「あなたの経歴を見てからあなたの英語を聞くと、人が人を信じられなくなる。だから決して日本人の前で英語をしゃべるな」と言われていたにもかかわらず、日本人の前で英語をしゃべってしまったのだ（笑）。

再度ヘッジファンドのオーナーとそのファンドの著名エコノミストとミーティング

このオーナーは、私との会談のためだけに、ニューヨークからプライベートジェット機で飛んできた。この後、日銀の審議委員とのミーティングのために、ロンドンから東京へ向かったのだが、今度はエールフランスのファーストクラスで、である。「なぜプライベートジェットで日本へ飛ばないのか?」と聞いたら、「ロシアで1回給油しなくてはいけないが、ジェット燃料の品質に信用がおけないからだ」との回答だった。プライベートジェットはニューヨークに戻して給油し、それから東京に迎えに来させるとのこと。ぶったまげた。世界にはとんでもない金持ちがいるものだ。その後、超大手ヘッジファンドのオフィスに行ってオーナーとミーティング。宇宙船のような彼個人のディーリングルームにびっくり。

夜は数人の顧客と夕食

もうくたびれ果てていて、下手な英語が、もうヘロヘロ。

翌朝、飛行機でパリのオフィスに向かう

パリのオフィスに飛行機で飛んで、11時から13時半まで50人ほどの顧客にランチタイム・プレゼンテーション。

昼食後、ミーティング

14時から15時まで元モルガン時代の同僚で、大口顧客に転職した人とミーティング。ロンドンに戻りヘッジファンドのオーナー数人と夕食。

3日目は、欧州復興開発銀行の幹部とブレックファースト・ミーティング

8:00AMから欧州復興開発銀行の幹部とブレックファースト・ミーティング。その後12時よりヘッジファンドの大物ファンドマネージャーとのミーティング@ロンドン郊外の彼のオフィス。サンドイッチを出してくれたので、それを食べながらのミーティングだった。

ロンドン発19時45分発のJAL402で帰国

メモを読み返すだけで、くたびれます

私が海外出張が嫌いなのはくたびれるからです。

邦銀のロンドン支店勤務の時には、ロンドン勤務といっても、周りは邦銀社員ばかりですから、7割は日本語で仕事をしていました。家に帰れば、もちろんのこと日本語です。また、米銀勤務といっても東京支店にいる限り、7割は日本語の生活でした。オフィスを出れば、これまた100%日本語です。ビジネススクールでもディスカッション科目はともかく、ほとんどの授業では教授の講義を聞くだけです。疲れたらボーッとしていればよいのです。**ところが米銀勤務で海外出張をすると、朝のパワーブレックファーストから深夜のパーティーまで、まさに英語を聞き、英語をしゃべらなければなりません。英語、英語、英語なのです。それも傍観者でいることは出来ない。ですから1日が終わると、くたくたになってしまいます。それが海外出張が大嫌いだった理由です。**

モルガンの幹部会議で会長の話を聞いていた時です。「あ〜、ここはスピーチの導入の場面で、まだ仕事の話じゃないな」とボーッとしていました。会長の話だからといってす

べてを集中して聞いていたら身が持たないからです。だからボーッとしていたのです。そんな時、皆がどっと笑いました。すぐさま他の人と無駄話をしていた隣の女性幹部が、皆に合わせて笑っただけの私に聞きました。「なぜ、みんな笑ったの？」知るか、そんなこと！　でもしょうがないので「会長がジョークを言ったから」と答えました。他になんとも答えようがないからです。話を聞いていないのに笑っただけなのですから。

この女性幹部、私のことを「嫌な奴」と思ったことは間違いありません（笑）。

ところで、当たり前のことですが、皆さん、海外出張のときはパスポートを決して忘れてはいけませんよ。昔、当時伊勢丹に勤めていた弟の幸夫が成田空港から私のオフィスに電話をかけてきたことがあります。「今から飛行機にチェックインしようと思うんだけど、一緒に行く上司がパスポートを忘れたんだよね。お兄ちゃん、なんとかならない？　誰か外務省のお役人で知っている人いない？」

アホかいな？　と思いました。パスポート忘れて直《ただ》ちに出国出来る人って、いたとしても総理大臣とか外務大臣ぐらいでしょうが！　申しわけないけど伊勢丹のお偉いさんぐらいではね～（笑）。

モルガンの収益を支えている自負があった

支店長になる直前だったでしょうか、新任の副会長が東京にやってきて「フジマキは重要なポストにいるのだから、2か月に1度はNYに来て話をするように」と言うので「イエス、サー」と答えてから6年間、一度もNYに行きませんでした。代わりばんこにNYからえらい人が来日してくるのだから、こちらからわざわざ行かなくてもいいじゃないか、というのが理屈でした。

この話に限らず、私のNY出張嫌いは社内でも有名でした。留学時代の「NYは怖い」という印象が尾を引いたようです。資金為替部長会議の冒頭のあいさつでボスのマイケル・コーリーが、「ご存じのようにフジマキがNYを嫌っているので今年もヨーロッパで会議を開くことになりました」というあいさつをしたこともあるくらいです。

マイクといえば、NYにおけるマーカスの後任のボスの資金為替本部長ですが、なかなかさばけた面白い人でした。東京支店の予算を組む時期に私が「私の上げる利益が東京支店のほぼすべてであり、そのビジネスは顧客ビジネスではなくて、単なるディーリングである。そうである以上、今年の東京支店の業績など予想がつくわけない。市場の動向いかんだ。だから私は東京支店の今年の予算を5分で作った」とマイクにメールを打ったら、「何を自慢しているんだ。私なぞ資金為替本部の世界全体の業績予想を3分で作ったぞ」と切り返されたのです。

資金為替本部の業績が良かった年にマイクが、「会長がプライベートジェットを買ったから資金為替部でも専用のプライベートジェットを買おう。タケシどう思う?」と聞いてきたのにはびっくりしました。本気なのか?と。**ただモルガンの収益を支えているのは我々だ、という自負があったのだと思います。**

ヘッドファンドのオーナーも
リスクテーカーとは会いたがる

出張した時には多くのヘッジファンドのオーナーに会います。

私は、彼らと同規模のリスクを取っていたので、彼らは私を仲間として扱ってくれるのです。

ムーア・キャピタルのオーナーであるルイス・ベーコン氏の部下の外国人から聞いた話ですが、ルイスが私の名前を、ド忘れした時「あいつの名前、なんて言ったっけ？　ほら、あの日本人のクレージーガイ？」と言ったそうです。**あのクレージーな勝負師・ルイスに「クレージーガイ」と呼ばれたことは「ディーラーの勲章だ」と私は思っていますし、明らかに私を仲間として認めてくれた証拠だとも思っています。**

リスクテーカーにとっては、仲間の考え方が一番重要な情報です。別につるんでいるわけではありません。市場の方向感覚で勝負するヘッジファンド（ディレクショナルトレードと言います）のオーナーたちは、皆、強烈なキャラクターを持っています。「あいつが買うのなら、俺は売るぞ」「あいつが売るのなら俺は買うぞ」という強者《つわもの》ばかりです。**オーナーたちは自分の財産がジェット・コースターのように増減するのですから、真剣にマーケットに向かい合っています。ですから、同じように真剣にマーケットに向かい合っている他のリスクテーカーの話を聞きたがるのです。もちろんお互いポジショントークなのは知っています。しかし頭を絞り切っての分析・判断だから聞きたいのです。**

ヘッジファンドのオーナーを訪ねる時、モルガンのセールスマンたちは皆、私についてきたがります。容易なことではオーナーたちはセールスマンには会ってくれないからです。

私が頼むと何人かのオーナーはセールスマンの同席を許してくれましたが、最後の訪問では笑ってしまいました。大柄で、普段部下に厳しいことで有名なロンドン支店のセールスヘッドが同席したのですが、その彼が、そのファンドマネージャーの前で完璧にあがってしまい、身を小さくしてしまったのです。

フジマキ理論

リスクテーカーは、自分と同じ立場の意見を大事にする

15分は話ができるよう、粘ってくれ

ある外国の政府系ファンドのトップがどうしてもモルガンの幹部と会ってくれません。

副会長があいさつに行っても会ってもくれないとのことです。運用の仕事が忙しいので、社交辞令に付き合っている時間はないというのです。そのため、その支店のドイツ人支店長から私に訪問要請がありました。

そこで海外出張をしたのですが、そこのオフィスを訪問する前に、その支店長が言うのです。「フジマキの実績を彼の部下に話したから会ってくれることになった。しかし彼は話が面白くないとすぐ退席してしまう。15分は話が出来るように粘ってくれ」と。結果は1時間20分のオフィス滞在。大成功でその支店長は大喜びでした。そのあと、どのようにビジネスが進んだかは、私のあずかり知らぬところです。

ボスのピラ・コンデ女史のメールにあったように私は、貴重なトップセールスの役目を世界中のモルガンのために果たしていたと自負しています。

以下はニューヨーク本店のエコノミストが私を含めた数名に送ってきたメールですが、そのことを証明していると思います。

Just finished a 1.5 hour meet with Mr. X. I told him the fujimaki/jpm target 160•180. He jumped up in joy, rushed to the phone to buy $1 billion right there.

（訳）ミスターXとの1時間半のミーティングを終えたところです。私は彼にフジマキの為替のターゲットは160円から180円だと言ったら、彼は大喜びで、電話機に飛びつき、その場で10億ドル買い増しました。

ちなみにMr.Xはこの業界では誰でも知っている超大物です。
また以下はモルガンのNYのセールスが私へ送ってきたメールです。

Just to let you know,If you remember Mr. B, who had a brief meeting with you in Dec, he is delighted that he really met a 'Super Star' from the industry and whenever market moves in your direction he sounds so pleased and keep talking about you!! It is very funny. He sounds like your 'go ei tai'…,

（訳）12月に短い時間に会ったミスターBのことを覚えていますか？　彼は、この業界の「スーパースター」に会ったと興奮していました。マーケットがフジマキさんの予想した方向に動く度に彼は大喜びで、あなたのことを話し続けています。
彼はあなたの「護衛隊」みたいな感じです。

(注：しかし、このセールス、よく護衛隊などという日本語を知っていたと感心します)

「鉄のカーテン」から、マスコミに登場

JPモルガンのエコノミスト、アナリストその他の人たちは今でこそ、新聞紙上に頻繁に市場コメント等で登場しますが、昔のモルガンはマスコミから「鉄のカーテン」と言われていました。取材を頑として受けなかったからです。ニューヨークの広報部の方針だったのです。私が支店長になってから、そのことに関してニューヨークにクレームをつけました。

米国でJPモルガンといえば、宣伝の必要はないかもしれないが、日本では誰も知らない。だからもっとマスコミに露出しなくてはいけないとのクレームです。何せ、父が私のオフィスを見に来たので、銀行を見せた後、証券会社を見せたら「これがモルガン・スタンレーか～」と言ったのです。すでにリタイアしていたとはいうものの、東芝に勤めていた父です。経済界のことはそれなりに知っていたはずです。その父がそう言ったのです。

モルガン・スタンレーとJPモルガンは、モルガン家が創設したという点で根っこは同じですが、今や全くの別会社です。「息子の勤めている会社のことくらい覚えておけよな〜」と思ったのと同時に、JPモルガンの認知度を高めなければならないと強く思った次第です。毎年、何千万円もの広告費を使っているのに効果がなかったということです。それよりは私がマスコミに出てコメントした方がモルガンの認知度が上がるとNYに主張したのです。最初は大反対されました。フジマキが有名になって高い報酬で他社に引き抜かれるのではないか？　との理由でした。しかし、確かに日本では有名ではなかったものの、世界の金融界では十分すぎるほど有名でしたから「いまさら日本で有名になろうと関係ない」との意見が通ったようで、「フジマキに限っては、マスコミに出ていい」ということになりました。

後に大蔵省の偉い方に言われました。「JPモルガンが日本で名が知られるようになったのは、フジマキさんの功績だよね」と。私もそう自負しています。

NYの広報部の許可が下りてから、非常に多くのマスコミに出させていただきました。以下に、二つほど引用いたします。一つは1997年11月28日（金）、時事通信社が発行している「時事解説」というプロ向けの雑誌に書いていただいたものです。

（時事通信社発行「時事解説」）

「耳を澄ませば《マイナス金利論》も聞こえてくる『ゼロ金利怖くない』と〝時の人〟」

問題は、そのマクロ政策の中身である。

金融市場で〝時の人〟になった人物がいる。モルガン銀行（JPモルガン）東京支店長の藤巻健史氏だ。同氏は長年、金利低下を唱え続けてきた。「長期金利は1・5％を目指す」が持論で、この春に長期金利が上昇した局面でも考えを曲げなかった。

その頑固な姿勢に「藤巻さんは宗教家みたいだ」（上位都銀資金運用担当者）と描写する向きもあったが、長期金利は誰もが予想しなかった世界最低1・8％をあっさり割り、ついに1・5％台に突入した。

同氏が意見を披露する手書きリポート『プロパガンダ』は市場でも注目され、ある日銀関係者は「ウチの内部でも読まれているよ」と耳打ちする。

（以下、略）

1998年3月29日（日）には毎日新聞が《相場の勝者　外銀の日本人ディーラー》というタイトルをつけて1面トップで載せてくれました。大阪版では写真もカラーの豪華版でした。もっともその写真を見た部下のウスイ嬢が「出た！　マクドナルドの店長さん！」と評していましたから、米銀の支店長という威厳からもディーラーという勝負師の厳しい顔からもかけ離れていたようです（笑）。

（モルガン銀の藤巻支店長）

自民党が大型の景気対策を打ち出した26日、東証平均株価は443円幅で乱高下し、債券相場も激しく動いた。だが、モルガン銀行の藤巻健史東京支店長（47）は、家族とスキー休暇を楽しんでいた。藤巻さんは、債券相場で相場の変動が得にも損にもならないポジションに切り替えていた。休暇を切り上げなかったのはそのためだった。

この7年間、藤巻さんは一貫して債券相場の上昇と円安を予測し続けた。自ら「プロパガンダ（扇動）」と名付けたリポートを連日、関係者に送って国債買いの強気姿勢を強調。それが一変し「当面、日本国債から手を引く」と宣言したのが、18日。不況で低下を続けていた長期金利は同日、一時1・47％と史上最低値を更新したが、午後、通信社が流した「藤巻コメント」をきっかけに債券が売られ、金利は上昇に転じた。

大卒後、日本の信託銀行に入った藤巻さんは最初、契約を取るため住宅地を回った。セールスは苦手。「訪問先の留守を祈った」。対人業務に不向きと感じて留学試験に応募し、シカゴでMBA（経営修士号）を取り、帰国後ディーリング部門に配属された。

だが、日本の企業は社内人脈や運がモノをいう。外資系は、仕事への評価が年収ではっきりする。運任せより自分の能力で成功をつかむ方にかけ、13年前、米JPモルガンの銀行部門モルガン銀行に移った。

藤巻さんは転職で初めて今の成功があると思っている。「もうけるにはリスク覚悟でなければ。だが日本の銀行にリスクを取ることへの理解は低い」

運用を任される額はJPモルガン全体でトップ3に入るとも。だが、リスクを取る事は絶え間ないプレッシャーとの闘いだ。もうかれば億単位の年収、負ければ失業に直結する。

藤巻さんにも苦い経験はある。1991年の湾岸戦争で米国が武力行使に踏み切った時だ。ドル急騰を予測、日本国債を売ってドルを買った。だが、相場の方向は逆。

手持ち資金は減り、米国の上司はがんがん怒鳴る。自説を辛抱強く説いて最後にはもうけたが、自宅でぼうぜんとしていると、妻に「会社が倒産した時の、友達のお父さんの顔とそっくり」と言われた。

藤巻さんはプロパガンダで時々、日本経済を長男健太君の成績にたとえて解説する。文章は英訳され、電子メールが海外にも配信。来日した某ファンドの幹部は藤巻さんに「我々の間で有名な日本人は1位が榊原英資さん（大蔵省財務官）、2位が健太君、3位が橋本首相」と語ったという。

失業と背中合わせの緊張感の中で〝太く短く〟稼ぐ外資系ディーラーと、組織内で〝細く長く〟働くサラリーマンディーラーとの勝負の結果は目に見えている。

ところで、この記事の最後の方に長男・ケンタが海外のヘッジファンドに有名だったという話がありますが、NYのセールスマンから来たメールがあります。

I was surprised that US hedge funds community know abt your family so well, and many talked abt which stories they liked the best etc … Seems like they liked the story of snow melts and spring comes…

Do you remember that one?

（訳）

「米国のヘッジファンド界がフジマキの家族のことを非常によく知っているのに私は驚きました。そして彼らは、（フジマキが書いた）どの話が一番好きかを話していたのです。『雪を溶かせば春が来るか』の話が一番好きなようですよ。その話覚えていますか？」

（フジマキ注：もちろん覚えています）

モンデール米大使に会って、思わずコーヒーカップが震えた

支店長として米国大使ともよくお会いしました。当時東京にいる米銀の日本人支店長は私一人でしたから、「日本人の本音を聞きたい」となると私が呼ばれていたのだと思います。大げさに言うと、民間大使的な仕事をしていたと思うのです。私はモルガン銀行の駐日代表という立場である一方、日本大好き人間ですから、私なりに日本の国益を考えなが

ら行動したつもりです。

ある時大使を含めた大使館員幹部たちとコーヒーを飲みながら立ち話をしていたら、東郷神社の話になったことがあります。「おいおい私は日本人だぞ。そんな発言を日本人の前でしていいのか？」と思ったほどの話を聞いてしまったのです。「米国人は本音ではそう考えているのか？」とびっくりしました。内容は、とっくに忘れてしまいましたが。

最初にお会いした米国大使は元副大統領のモンデール大使です。大使公邸で「日本経済の現状について話してくれ」というので、大使館幹部7、8名と朝食をともにしました。食後、立ちながらのコーヒーを飲みながら大使からの質問に答えているとき、左手に持ったコーヒー皿がカタカタと音を立て始めました。元副大統領という経歴が持つ威厳と、体格の良さに圧倒され、あまりに緊張しすぎたせいです。コーヒー皿の上のカップが震えて音を立てたのです。**「私はなんと小者なのだろう」と恥ずかしくなってし**

ました。

一方、いつもニコニコされていて親しみがあり、横にいても全く緊張しなかったのはフォーリー大使でした。

上院銀行部会の委員長が、数名の議員団と来日した際、大使主催のランチが大使公邸であり、それに呼ばれました。議員団と大使、そして大使館員数名だけで、部外者は私一人、もちろん日本人は私一人でした。

テーブルに着く際、大使が「私たちの友人タケシです」と紹介してくれ、ご自身の隣の席を私に指示してくれました。正面は上院議員の委員長です。

食事しながらひょっと左を見たら、大使のワイシャツの袖が擦り切れているのです。「ワー、大使も私と同じだ」と一層、親しみを持てました。

ただ、単にランチをするためだけに大使に招待されたと思っていたら、委員長の5分間スピーチの後に、突然「それではタケシにも、5分間スピーチをしてもらいましょう」と言われ、心臓が飛び出るくらいにびっくりしてしまいました。英語が下手くそな上に、スピーチなど全く用意していなかったからです。日本経済の現状を少ししゃべったのですが、ひどいものでした。**あれ以降こういう正式の場に外国人から呼ばれた際は、万が一に備え**

2〜3分話せるだけのスピーチを用意することにしました。もっとも、あれ以来、〃万が一〃は1回もありませんが。こういうことは、マーケットと同じで用意していないと突然やってきて、用意しているとちっとも来ないものなのです（笑）。

ファーストクラスで外資を感じ、疲れを取る

「オ、自分は外資に勤めているんだな〜」と強く認識したのは海外出張の際、ファーストクラスに乗る時でした。贅沢な時間でした。

ＡＮＡが国際線を就航させてから1週間後くらいにシドニーでの会議に出ました。今の若者は驚くかもしれませんが、昔のＡＮＡは国内線しか飛ばしていなかったのです。就航直後のせいでしょうか、ファーストクラスのアテンダントの女性が5、6人もいたのです。しかし乗客は私一人でした。この5、6人の綺麗どころ全員が私一人に、サーブしてくれたのです。時には床に膝をついてまでです。まさに王様みたいな気分でした。

出張ではロンドン滞在4時間というのもありました。滞在4時間のうちの2時間は空港

からロンドン支店までの往復時間、実際の仕事はNYから飛んできたボスとの20分の会議だけです。部下のボーナス額決定のための人事評価のすりあわせでした。このハードな出張も、往復ともファーストクラスで横になれたからこそ出来た出張だったと思います。

ちなみにこの時は、歯ブラシ1本を内ポケットに差し、時代小説の文庫1冊だけの旅でしたから、帰国時の税関でかなりの質問を受けました。モルガン勤務時代の出張で荷物を開けさせられたのは1回もないし、鋭く質問されたのも、後にも先にもこの時1回だけでした（笑）。

ニューヨークでは、会長にも社用車はない

支店長になって支店長車がついたことも、うれしかったことの一つです。

ただし、退職後は満員電車での通勤に戻りました。人間若い時にいい思いをするのは考え物でした。その時は「電車通勤のほうが健康にいい」と、うそぶいていましたが、もちろん「強がり」です。

ところで、この社用車という制度は、米国社会ではあまり一般的とは言えません。

ということで、支店長になってすぐの銀行協会の新年会には、自分の車を運転して出かけました。

ところが銀行協会の若い担当者が、「この40歳代の男は誰だ？」と当惑したのです。日本人の頭取は全員

60歳以上のお年寄りのはずです。もちろん全員黒塗りの社長車を持っています。ところが、この男の場合、運転している車は黒ではないし、それに埃まみれです。どうも運転手じゃなさそうだ。では外銀の支店長かというと、当時は私以外、皆、外国人だったのです。日本人が外銀の東京支店長になるなど誰も考えもしなかった時代です。銀行協会の若い担当者が困惑するのも当たり前だったのです。

そこでこの事件にかこつけてNYと交渉し、無理やり社用車をつけてもらったのです。「郷に入らば郷に従え」の論理で押したのです。

一方NYでは会長にも社用車はなく、彼はスーツにナップサックをしょって通勤していました。また、米銀退職後、ジョージ・ソロスと契約した際、「社用車をつけてくれ」と要求したら、「ジョージ・ソロスも社用車など持っていないのに、それでも君は要求するのか?」と聞かれてしまいました。「もちろん、いりません」と即答したのは言うまでもありません。**社用車一つ取っても日米の商慣習にはいろいろな差があるのです。**

マネーロンダリングにひっかかりそうに！

資金為替部長の頃、危うくマネーロンダリングにひっかかりそうになったことがあります。テニス仲間のクゼ夫人がやはりテニス仲間のサトー夫人に「サトーさん、マネーロンダリングって、ポケットの中に紙幣を入れたままジーパンを洗濯機で洗っちゃうことじゃないからね」と説明していましたが、その通りです（笑）。**麻薬取引などで得た汚いお金の汚さの痕跡をなくす工夫です。**

ある時、「近くのビルにオフィスを構えている会社だが、これこれしかじかで大口のお金が入る。それをモルガンに入金したい。手数料を払うから代わり金としてモルガンの銀行小切手（現金のように使える銀行

発行の小切手）を発行して欲しい」というのです。マネーロンダリングの基本のキとも言える単純な手口です。今でしたら、私もすぐマネーロンダリングだと気がつきます。

しかし当時、マネーロンダリングなどという言葉も聞いたことがありませんでしたし、そんな悪いことをする人が日本人の中にいるなんて想像さえしませんでした。危機意識が全くなかったということです。まさに麻薬とか武器密輸とかには無縁な国が日本だと思っていたのです。それに「薄利といえども、おいしい話」だし、NYにこんな儲け話が飛び込んだぞ、と自慢する気が少しはあったのかもしれません。NYに電話しました。途端に怒鳴られたのです。「典型的なマネーロンダリングではないか。そんなことしたら首だぞ！」と。

知らないとは恐ろしいことです。この経験で、マネーロンダリングには二度とひっかからないぞと思いました。

外資にいると、新しい機器に強くなる

外銀に勤めていたせいで、いち早く新しい機材を使いこなしていたと思います。東芝に勤めていながら「蛍光灯の交換をすると感電してしまう」と思っていた父同様の機械音痴なのに、です。機械が壊れたら、まず蹴飛ばすことを考えてしまうくらいの機械音痴なのです。

ロンドンでのケンタ誕生の時、心音モニターのグラフ線が真っ平になって心配しましたが、医師がモニターを思いっきり蹴飛ばしたら、心音グラフ線が再び起伏し始めたという話を書きました。機械が壊れると、すぐその機械を蹴飛ばしたくなるのは、その時の経験があまりに強烈だったせいかもしれません(笑)。

そんな私が外銀に勤めていたがゆえにか、新しい技術を使いこなしていたのですから不思議なものです。

クェート侵攻を契機に、携帯電話を使用

まず携帯電話ですが、まだ携帯電話がバッグほど大きかった時から持ち歩いていました。今でも覚えていますが、大井町線に乗っていた時、突然その巨大携帯電話が鳴りだしたので、止まっていたホームに飛び出してしまいました。

車内の人全員が何事が起きたのか、と私を凝視したからです。

この携帯電話を持つ契機となったのは1990年8月のイラクのクェート侵攻でした。このニュースが流れたのは東京のランチタイムでしたが、まだ夜も明けぬロンドン支店が資金為替部担当の副会長に電話を入れ報告したのです。ニューヨークの真夜中です。副会長はそこで

すぐ資金為替本部長に電話を入れました。この時のNYの資金為替本部長は、この本によく出てくる私のボスのマーカス・マイヤーです。東京がモニターしているべき時間帯ですから、当然のことながら東京から詳細な報告がマーカスに入っていると思ったのです。しかし入っていなかった。マーカス・マイヤーはすぐ東京に電話を入れてきましたが、私をはじめ幹部は全員が昼食に出ていて、どこに行ったかわからない。電話に出た若者はオロオロしたそうです。

マーカスは激怒し、それから1か月間、昼休みを含め出社してから退社時まで、幹部は外出禁止となりました。その解決策が、日本ではまだほとんど見たこともなかった大型携帯電話だったのです。

社内で一番Eメールを駆使しているのはフジマキ

Eメールを最初に使い始めた日本人の一人だと思います。Eメールが普及したのは日本より米国のほうがかなり前だったと思うのですが、その米国の中でもJPモルガンはかなり早く使用を開始しました。「社内コミュニケーションのツールとしてEメールを主たる手段とする」と、会長が決定したからです。米国企業は前に述べたようにトップダウンで動きますから、会長が決定すればその指示はすぐ世界中に浸透します。

しばらくして会長から、マネージングディレクター会議の席上で褒められました。「我が社で一番Eメールを駆使しているのはフジマキだ。見習うように」と。**私がモルガンで一番Eメールを駆使していたのは、会長へのゴマすり野郎だったからではありません。Eメールは私にとって、実際にものすごく都合のいい道具だったからなのです。**Eメールが普及する前、私は夜が苦痛でした。夜10時頃、しょっちゅうNYに電話をしなければならなかったからです。泥酔することは出来ませんし、飲み屋から電話するわけにもいきません。それに一番の苦痛は下手な英語を毎日のようにしゃべらなくてはいけないことでした。ディーリングで勝っているときはまだしも、負けているときは気が重いもいいところでした。負けている理由、今後の予想を突っ込んで聞いてくるからです。

余談ですが、ある時秘書が「会長から電話が入っています」と言うのです。昼間でしたから「おかしいな？　NYは真夜中のはず。何か緊急の電話かな？」と思って出たら、中国からでした。「この電話は盗聴されているかもしれないから、注意しながら話すように」

といきなり会長が言うのです。そのあとディーリングで大きく負けている理由の説明を求められました。「私が大きく負けていることなど、盗聴されても何ら問題ないだろうに」と思いましたけどね（笑）。

そのようにNYとの電話が苦痛で苦痛でならなかったのですが、Eメールのおかげでその苦痛が霧散したのです。電話で話すべきことを日中、帰国子女の部下に翻訳させ、それを昼間のうちにNYに送りさえすればことがすむからです。私がEメールのヘビーユーザーになった理由は、これでおわかりかと思います。

日本よりはるかに早くEメールを使い始めた米国企業の中でも、かなり早期導入組だったJPモルガン。その中で最もヘビーユーザーだったのが私なのですから、日本でEメールを最初に使い始めた一人だとの推測も外れていないと思います。もっとも最初の頃の私はEメールのことをパソコン通信と言ったり、「このEメールにバイ菌ついていない？（注：ウイールスのこと）」と聞いたりして笑われていましたけどね。

Eメールを駆使して、世界の金融界で有名人に！

私は、世界の金融界でかなりの有名人だったことを前、書きました。（自慢話になってすみません）、それは第一に、モルガンで世界の稼ぎ頭だという情報がNYの財務部から流れ出て、その情報を世界中のモルガンのセールスマンが顧客に流したからです。それに私はEメールを使い、「プロパガンダ」と称する日本のマーケット分析を世界中のモルガンのセールスマンに流していました。日本語で書いたものを、帰国子女の部下のウスイ嬢やツーバ嬢そして京大卒のフセ嬢やカワシマ嬢に翻訳させ、それをEメールで流していたのです。当然、世界中のモルガンの顧客が、「儲け頭」のフジマキの市場分析を聞きたい、と要求してきました。そこで世界中のセールスが「フジマキプロパガンダ」を顧客に転送したのです。私がEメールで流していますから、セールスマンは転送ボタンを押すだけです。

ネズミ算式に私の分析が世界中に流れました。

日本発の情報でリスクテーカーからの生の分析は、他にはありませんでした（日本だけでなく世界中のリスクテーカーを探しても、私のように分析を流している人はいませんでしたから、私はかなりユニークな存在だったのです）。もし、日本発の情報があったとしても、皆ファックスでの発信だったのです。これでは受け取ったセールスマンが、顧客に流すにしても「足し算」でしか配布されません。**私はＥメールを駆使していたからこそ、世界の金融界でものすごく有名になったのです。**

情報端末もフル活用！

携帯情報端末もよく持ち歩きました。携帯電話と携帯情報端末の発明が我々ディーラーの生活を極めて人間的にしてくれたのです。「マーケットが開いている間はディーリング・ルームから出られない」という状況から解放してくれたのです。特に我々のようにお客様相手のマーケットメークではなく、長期勝負を担当する人間にとっては本当にありがたい存在の機器でした。

ｉＰｈｏｎｅの普及により、昨年末でサービスが終了してしまいましたが、専用の情報端末機器を絶えず持っていました。最後の方は私が歳を取ったせいもあり、万歩計と間違えられることがよくありましたが（笑）。

これは私にとってはタバコのような一種の精神安定剤でした。これが無いと情報に取り残されるみたいで不安にもなりました。一種の中毒だったのかもしれません。

父の葬式でお坊さんが読経していた時、携帯端末のスクリーンを見ていて弟にどやされました。もちろん大好きな父が亡くなったのですから、仕事をしたかったわけではありません。タバコを思わず手に取ってしまうように、悲しみを紛らわそうと何の気なしにこの携帯端末を見てしまっただけなのです。数字など頭に入るわけがありません。

このように、あまりに携帯端末を手元から離さなかったので、テニス仲間からは「君が死んだら棺桶の中に一緒に入れてやる」と言われました。ミヤベさんからは「棺桶の中に入れておいただけでは見えないだろうから。棺桶の天井に貼っておいてやる」と。

会社ではテレビサイズのスクリーンに囲まれていました。電磁波のまん真ん中で仕事をしていたようなものです。当初は家の1階の居間にもテレビサイズのスクリーンを2台置きましたが、**アヤコから撤去命令が出ました。これでは気が休まる時間がないのでは？24時間働いていたら体を壊してしまうし、長く生きられない、と。**もっともだと思い撤去し、家にいる時は携帯端末のみを情報源とすることにしました。

幸いなことにモルガン時代は、マーケットが大荒れになればロンドンやNYから必ず国際電話が入りますから、一晩中マーケットをモニターしている必要はあまりありませんでした。しかしモルガンを辞めてからは、携帯端末から手を離せなくなりました。マーケットが荒れた時、国際電話をかけてくれる人がいないからです。そこで携帯端末を寝室に持ち込んで一晩に20回くらいは見ていました。数年間続けましたが「このままこんなことを続ければ命は長くないぞ」と自覚しました。そこで、「携帯端末は寝室のある2階には持ち込まない」という自主ルールを設けたのです。幸か不幸か、もうその時はお客さんに対する助言業務を行っていませんでした。自社や自分個人の資産運用だけです。**マーケットを完全にウォッチしていなくても、他人に損をさせるわけではありません。ですから寝室に持ちこまないという英断が出来たのです。**

損をしていると苦しいでしょうと言われますが、自社や自分の資産であれば、損をしても取り返す自信はありますから、あまり苦になりません。つらいのは上司や顧客が一時的な損に耐えられず、ヤンヤと言ってくる時です。

今でも絶対君主的なボスはいます。でもその人、お金のことに関しては、幸いなことに全く興味がないのです。損していても文句を言いません。アヤコのことですけど（笑）。

フジマキ理論

どんなに苦しくても、携帯端末は寝室に持ち込まない

自己破産してもいいじゃないの

携帯端末をまだ寝室に持ち込んでいた頃、真っ青になったことがあります。モルガンを辞めた後の話です。NYの株価指標であるNYダウが急落した時です。

真夜中、携帯端末を見ていたら一瞬のうちに500ドル近く値が下落したのです。一晩で500ドル値が下がることはたまにはあるでしょう。しかし一瞬に、というのは見たこ

とがありません。スクリーンが変わるごとに30ドル落ち、50ドル落ち、20ドル落ち、短時間のうちに計500ドル落ちたというのは考えられます。しかし、スクリーンで値が変わったと思ったら、次に出てきた数字が前の数字より500ドル下がっていたというのは長いディーリング人生では見たことがありません。最初は、短時間、私自身が気絶していて小刻みな下落を見損なったのかと思いました。しかし、どう考えても記憶は継続しています。途端に世の中で何かとんでもないことが起きたんだ、と思いました。あ〜自己破産だ、と思ったのです。

その時、隣に寝ていたアヤコが起きだしてきて「自己破産してもいいじゃないの。どうせ自分一代で築き上げた財産がなくなり、元に戻るだけよ。昔のように4畳半に家族4人が寝ればいいじゃないの」と言ってくれたのです。

この時ほどボスに頭が下がったことはありません（笑）。翌朝、事情がわかってきました。NY株の暴

落は中国の経済変調のニュースを契機としたものであり、情報端末が表示する値が一瞬にして暴落したのは、通信事故のせいだ、とのことでした。日本のテレビニュースでもやっていました。この時は本当に頭にきました。「頭にきた」と言っても「円形脱毛症」の方ではないですよ。本来の意味の頭にきたのです（笑）。寿命を縮めやがって、と。しかし損害賠償請求するわけにはいかないですからね〜。もっとも「アヤコは、まだ私に対して優しかったんだ」ということを認識する機会にはなりましたが（笑）。

父の思い出

モルガン銀行勤務時代で一番のショックは、父が亡くなったことです。父のことは大好きでした。「いつも苦虫をかみつぶした刑事のような顔だ」「葬式でお悔やみを言うのに最適な顔だ」と言われる渋さを持ちながら、実はとても優しく、ユーモア大好き人間だったのが、我がオヤジどのです。以下文藝春秋2003年2月号用「オヤジとおふくろ」に書いた私のコラムです。

「藤巻パパ」

私の父は、左右違った靴を履き出社して、帰宅してからもまだ気がつかなかったことがある。フジマキならぬドジマキと揶揄される私、左右違った靴でテレビに出てしまった私には、確かに父の血が色濃く流れているのかもしれない。

ドジと言えば、父の遭難騒動を思い出す。方向音痴の父は身延山の温泉宿から浴衣のまま裏庭にはいり遭難してしまった。そして七日後に救出されたのだ。私の生みの母は、私が三歳の時に亡くなったのだが、その遭難は母の死後直後のことであった。地方紙はもとより、全国紙にも数行載ったそうだが、皆、心優しい父が、母の後追い自殺をしようとしたと思って大騒ぎしたらしい。もっとも、事実は父いわく「身延山にすばらしい混浴の温泉があると雑誌に出ていたので、急に行きたくなっただけだよ。幼い子供二人を残して死ねるわけがないだろう?」

幼くして母を亡くした私と妹は、母方の祖母に預けられた。その私たちに、東芝に勤めていた父は「藤巻パパ」でしめ括った葉書をよくくれた。そして毎週末には必ず泊まりに来てくれた。土曜日の夜は父の横に布団を並べて敷き、寝物語に父の昔話を聞く。そして翌日の日曜日には動物園や遊園地に連れて行ってもらう。そんな週末が私にはとても待ち遠しかった。

ある週末、一度だけ父が住む日吉のアパートに妹と二人で泊まりに行ったことがある。ところが、まだあまりに幼かった妹は夜中に「祖母がいない」と言って泣き出してしまったのだ。途方にくれている父を見た時、私も幼な心に父の心境をおもんぱかり、悲しくなったものである。

それから約四十年後、私が家内と子供たちを連れて旅行に出かけた時のことである。我が家の駄犬コマを横浜に住んでいる父に預けた。その時、一か月前にコマが家を脱走し、渋谷で保護された話をしておいた。その翌日、父がコマを散歩させていた時、なんと、首輪が抜けてコマが逃げ出してしまったのだ。当時、心臓がいくぶん弱かった父に言わせると「頭の中で渋谷という字がぐるぐるした」そうである。夢中で追いかけたところ、コマが人の庭に逃げ込んだ。父も無断で庭に飛び込んで探していたところ、その家の息子とおぼしき人に、「人の家に無断で入りこまないでください」と怒鳴られてしまった。その家のご主人とは顔見知りだっただけに、なお一層かっこ悪く、ほうほうの体《てい》で逃げ帰ってきたそうである。

父は、大らかで心優しく自然体で生きていた。私も「親父さんの血が色濃く流れているのはドジなところだけだ」等と人に言われることのないよう、少しでも父の生き方に近づきたいと思う。なんと言っても尊敬できる愛すべきオヤジだったのだから。

ちなみに、日吉の父のアパートで、夜中に「祖母がいない」と言って泣き出し、父を困らせたのが、この本で挿絵を書いてくれている妹・岡久美子です。

なお、弟・幸夫は、私どもの産みの母が亡くなり5年後に父が再婚した母の子供で、異母兄弟ということになります。

一橋大学非常勤講師になる

1999年から一橋大学の非常勤講師として「現代経済ⅡC」という講座を担当させてもらいました。

一橋大での講義は基本、タゴさんと二人で担当しました。13年間続きました。ただ、ちょうどこの本を執筆している2012年は休講です。

13年間も授業を受け持っていると、自分でも授業が上手くなったな、と思います。最近でも、相変わらず多くの学生さんが受講してくれますが、学生さん集めには三井信託銀行千葉支店の時に養ったセールステクニックを駆使します。

主張が強い私でも、大学の授業では客観的なことしか教えません。それでもオリエンテーションの時だけは別です。「今の日本の財政状況が悪く、ガラガラポンが起こる可能性」という私の持論をしゃべります。その上で「君たちが就職した会社で、社長から『フジマキの話は、相変わらず大げさだが、フジマキの唱えることが起こる可能性はゼロではないかもしれない。私個人としては20％くらいの確率で起こるかもしれないと感じている。万が一、その事態が起きた時、我が社はどうやって生き延びたらいいのか？　君、その危機対応策をレポートにして提出しなさい』と言われた時にそのレポートを書けるようになるのが、私の授業のゴールだ。方法はデリバティブの活用。そのデリバティブを教えるのがこの授業である」と言うのです。おかしなもので、それまで机に伏して寝ていた学生が何人も、がばっと起きだすのです（笑）。そして多数が半年間の授業を受講してくれるのです。もっとも多数が受講してくれると期末試験の採点が大変なのですが。

また早稲田大学の商学研究科（大学院）でも、半年間13コマの講義を6年間やらせていただきました。これは半年間の講義を一人で担当しました。

8 大勝ちして、大負け。モルガン退職

一般紙にも載った退職の記事

モルガンを辞めた時は日経新聞やその他の新聞が書いてくださいました。以下は毎日新聞の2000年2月11日の記事です。**一般紙が退職の記事を載せてくれるとはビジネスマンとして最高の名誉だと思いました。**ただ49歳で「定年退職」と書かれたのには、まいりましたけど。すごい爺さんに思われてしまいます。

（藤巻支店長が退任）
米投資銀行のJPモルガンは10日、同社の銀行子会社であるモルガン銀行東京支店の藤巻健史支店長（49）が2月末に支店長を退任し、6月に同行を定年退職すると発

表した。藤巻氏は、為替動向などについて「プロパガンダ（扇動）」というリポートをまとめ、機関投資家に配布するなど業界で注目を集める債券・為替トレーダー。藤巻氏は今後「執筆のほか、ヘッジファンド運用にかかわっていく」と話している。

1か月で三百数十億円、儲けた

2000年4月になぜ辞めたかというと、あえて言うなら失敗したからです。15年間全勝で毎年かなりの儲けを出した後、実は1998年の12月、1か月の間に大儲けしました。金利が急騰した時で、国債先物を売りまくって1か月で三百数十億円を儲けたのです。1か月間の利益としては私としても過去最高です。当時のモルガンの成績評価期間は12月から11月。その最初の月に大儲けしたのです。そうしたらニューヨークのボスのマイケル・コーリーが言うのです。「今後11か月間は、もう会社に出てくるな。出社する必要ないから旅行したりして遊んでいろ」と。三百数十億円儲けちゃうと最大級のボーナスが出ます。それまでは、米銀の払うボーナスはそこまですごくはなかったのですが、その数年前あたりから急増していました。優秀なディーラーがヘッジファンドに抜かれるのを防ぐ意味もあったかと思います。

他の金融機関の場合、ディーラーの方が会長より報酬が多いことはあり得ると思いますが、モルガンの場合、会長の報酬額がディーラーにとっても天井という認識がありました。三百数十億円の儲けだと会長と同額のボーナスは出るだろう。しかしそれ以上はいくら儲けてもボーナスはビタ一文増えない。ならば仕事をするな、というわけです。**ちょっとこじつけですが、「働いても働かなくても収入は同じ」という社会主義国家が衰退するのはわかりますよね。それと同じ理屈です。**

ところが、私は「モルガンの歴史で、今後絶対に破れないものすごいトレーディングの利益額の記録を作りたい」とディーリングをやり続けたのです。儲けてもボーナスは増えませんから個人的には「ハイリスク・ノーリターン」の仕事をしたのです。その結果、残りの11か月で三百数十億円の利益をマーケットに戻してしまいました。これで14年間、大儲けした記録は途絶えました。損益ゼロですから1分けというところです。

マイクに言われるまでもなく、私は「大アホ」でした。10億円はいったと思われるボーナスは当然のことながらほぼゼロです。この本をアヤコが読むと大変なことになっちゃうのですが、彼女は私の本には興味がないので書きました。この本を読まないことを念じながら（笑）。

さらに悪いことに、私の評価期間は12月から11月でも、会社の決算は1月から12月です。12月の巨額利益は前年に出て、残り11か月の損失は翌年に出るのです。会社の収益のブレが大きくなります。これは投資家の目から見るといいことではありません。この収益のブレは会社の評価期間のせいですから、誰も私に文句は言いませんでしたが、個人的にはかなり責任を感じました。思い出すだに、本当に馬鹿なことをしたな、と思います。

しかし考えてみると、マイクに言われて「はい、仕事しないであと11か月間遊んでいます」と答えるような性格だったら、それまでに、これほどは成功していなかったと思うのです。貪欲さがあったからこそ、今までの成功があったんだろうと。実はそう思うようにしないとやってられません（笑）。

モルガンを辞めたもう1つの理由は、民間に転出していた駐日・米大使館の元財務官補（ファイナンシャル・アタッシェ）のMr.ハーツェル（当時、米国財務省のトップ5の実力者だと言われていた）がくれたクリスマスカードに、「まだモルガンに勤めているんだって？ 驚いた。あなたくらいの実績があり、世界中に名前が売れているのであれば、もうヘッジファンドをやっていると思っていた」と書かれていたからです。「そうか、それもいいな、辞めてヘッジファンド業界に入ろうかな」と思っていた矢先、12月に大儲けしてしまったのです。辞めるのや～めた、となっていたのです。そして、大儲けした後の11か月の成績で、ヘッジファンドの世界に移ろうと思ったのです。

9 ソロス・グループ入り、そしてクビ

ソロスの助言を無視して、去ることに

私のモルガン退職を知ってジョージ・ソロス氏率いるソロス・ファンドから誘いがありました。そこで入れてもらうことにしました。助言者という立場です。6か月いました。

3、4年前でしたか「ソロス氏直々のサイン入り本を贈呈いたしますので、是非ご来場ください」というメールを出版関係の方から頂いたことがあります。来日出版記念パーティーへの招待状でした。「なにぃ～ソロス氏直々のサイン？　いらねぇ～やぃ、そんなもん！」でした。

私はソロス氏直筆のサインを、すでにもらったことがあり、金庫の中に大事に保管してあったからです。それも日本で唯一のサインです。「残念ながら、あなたとの契約を解除

いたします」という文書へのサイン、すなわち「クビ！」という文章へのサインです。

モルガン銀行時代の抜群のディーリング成績を引っ提げてソロス・グループ入りした6か月後にこの事態です。グループ入りした時には新聞に大きな記事として取り上げられたのだから、その記憶も新しいうちに。かっこ悪いったら、ありゃしませんでした。**しかし「儲けて初めて人間として認められる」我が業界のこと、ソロス氏に対して私が文句のあるわけがありません。負けた私が悪いのです。怨むどころか、私は今でもソロス氏を崇拝しています。**

ＩＴバブル崩壊後、ソロス・ファンドでは全ファンドマネージャーに対し損失限度枠が突然に導入されました。「元本の何％以上損失をしたら契約解除」という約束事です。それまで枠など設定されたことのなかった私は、狼狽《ろうばい》しました。すでに損失が限度枠に近づいていたからです。大きく損しても最後に大きく儲けるのが私流で、モルガン銀行時代は

「いくら損しても、あいつなら取り返すだろう」という特別扱いでした。もちろん能天気に損が許されたわけではなく、会長・社長を納得させるだけの論理は必要でしたが。何はともあれ、そんな私にも枠が設定されるということ自体がショックでした。

そんな時、ソロス氏から国際電話がありました。「私の基幹ファンドは、日本国債で君と同じ方向で勝負しているが、明日、損失限定のために反対取引をする。そうなると君の負けはさらに膨らみ、限度を超えてしまう。私は君を失いたくないが、君だけを特別扱いには出来ないから、ぜひ私より先に反対取引をして損を限定しておいてください」

しかし私は「ここで勝負を降りるのは男じゃない。それに日本国債の市場は巨大で、ソロス氏が動いたところで、そんな簡単に値段が動くわけはない」と**たかをくくって彼の助言を無視してしまったのです。**

しかし、ソロス・ファンドの影響力はやはりすごかったのです。ソロス・ファンドが動き始めた直後、日本国債の値段は大きく動き、私の損失は一瞬にして損失限度額を超え、「ソロスよ、はい、さようなら」となってしまったのです。**思いやりがひしひしと感じられる電話を無視した私の過ちです。**

ジョージ・ソロスとは？　ロバート・ソロスとは？

ところで、日本人は80歳を越しているジョージ・ソロスのことをバリバリの現役投資家だと思っているようですが、それは違います。私が勤めていた10年前でも、彼は慈善事業関係のオフィスにいるのが7割。ヘッジファンドのオフィスにいるのが3割でした。それも自分で勝負をしていたわけではなく、管理のためにいたのです。彼の興味の大半は、母国ハンガリーを中心とする国々への慈善事業でした。彼の口ぐせは「皆さん、慈善事業に回すお金を稼いでくれ」でした。

最盛期にファンドを実際に動かしていたのはドラッケンミラー氏とニック・ロディティ氏でした。ソロスは英中央銀行に勝った男として有名ですが、少なくとも実務的にはドラッケンミラー氏の勝負です。

これは当時の他の大手ヘッジファンドのオーナーたちとは著しく異なります。タイガー・ファンドのジュリアン・ロバートソン氏やムーア・キャピタルのルイス・ベーコン氏をはじめとする他のオーナーたちが強烈なキャラクターで、自分で勝負をしなければ気がすまないのとは対照的でした。

ジョージ・ソロス氏に対して、私は好々爺というイメージしか持っていません。しかし、彼といい、息子のロバートといい、ファンドに働く人々に尊敬されていたのは事実です。私が解雇された後、部下のウスイ嬢とフセ嬢はファンドに残ったのですが、そのウスイ嬢からメールが来たことがあります。「昨日の会議にはジョージは来ず、その代わりに息子のロバートが出席しました。ところであのMr.××という米国人を覚えていますか？　日ごろ神様のように横柄にふるまっている人ですが、彼もソロス家の前ではペコペコしていましたよ。**私、フジマキさんを思い出しちゃいましたよ。『長いものには巻かれろ』というフジマキさんの哲学はグローバルスタンダードだったんですね（笑）。**

ソロス家はファンド内で強力なリーダーシップを執っていたのです。

市場が私の予想を聞いてくれなくなったわけ

モルガン勤務時代は、私が「ドルが上がるぞ」と言うとドルが上がり、「日経平均が下がるぞ」と言えば、日経平均が下がりました。ところが、最近は「ドルが上がるぞ」というとドルが下がり、「日経平均が下がるぞ」と言えば日経平均が上がるのです。モルガン勤務時代、私の見方は絶対的で、市場が私の予想を聞いてくれました。ところが最近は、私の予想を聞いてくれなくなったのです。それどころか、逆に動きます。よっぽど嫌われているんだな、と思ってしまいます（笑）。

なぜなんだろうか？　最近、理由がわかりました。モルガンに勤めていた時は、リスクテーカーの私が「ドルが強いぞ」という時は「モルガンが大量にドルを買っている時だ」、リスクテーカーの私が「日本株が弱いぞ」という時は「モルガンが大量に日経先物を売っている時だ」と市場が理解したのでしょう。

ですから、当時、市場が聞いていたのは「フジマキの予想」ではなく「市場を動かしてしまうモルガンの資金力、すなわちモルガンのお金の声」だったのです。今は、私は口だけ。動かす金がないのです。だから、誰も私の意見なぞ聞いてくれないのです。

この分析をテニス仲間のミヤベさんに話したら褒められました。「フジマキ君は、さすがえらい」と。「普通の人はそれを理解するのに、10年かかるが、フジマキ君は、それを7年ぽっちでわかったのだから」ですと（大笑い）。

おわりに

この本を書きながら、自分の職業人生を振り返ってみると、自分自身でもつくづく「**私の人生、運が良かったな」と思います。しかし、読んでいただければおわかりかと思いますが、私は「運を引き寄せるだけの努力はしてきた」つもりなのです。その努力とは「人生に1度は死ぬほど勉強し、死ぬほど働く」ことです。**

私はモルガン銀行時代、「子供の使いではない。仕事をする時はプロの自覚を持ちプロの仕事をしろ」と絶えず部下を叱責していましたが、死ぬほど働けば、その道のプロになり道は開けてくると思うのです。

そうは言いながらも、年がら年中、頑張りすぎるとエネルギー切れになってしまいます。**私のように、とかく頑張ってしまう人間は、気を緩めることにも努力が必要でした。**

私はディーリング・ルーム内での「怖いほどの目つき」の時と「にこにこ」しているだ

けで「な～んにも考えなさそうな目つき」の時のギャップがすさまじいと言われたことがあります。「な～んにも考えていなそうな目つき」の時とは、気を緩めているときだと思います。

ところで、この本は、私の自慢好きの性格から、「読後感」に後味の悪いところもあったかと思います。そういう部分は私の「過去の栄光の話」だと思ってお許しください。

ただ、「過去の栄光」とは、お茶の水女子大学の元文教育学部長だった哲学者・土屋賢二先生の『純粋ツチャ批判』（講談社）によりますと、「自慢するものがなくなった有名人が頼りにするもの。そういう有名人を笑う人はたいてい、過去の栄光さえもっていない」とありますから、私の過去の栄光を人前では笑わないでくださいね。

最後に若者に申し上げておきたいことは「いつもユーモアを忘れずに！」です。

この本を書く際にもユーモアを忘れなかったつもりです。国際人をめざし、西欧人と付き合うなら、ユーモアは必須のテクニックの一つです。ユーモアを解さない人は国際人の仲間入りはできません。もちろん、ユーモアとは国際社会で通用するためのテクニックという面だけでなく、実際に人の心に余裕を持たせる効果もあると私は信じています。ディーリングで逆境に追い込まれた時でも、ボスが難しい顔をするだけでは部下の戦意が落ち込みます。一言ユーモアを言ってくれるだけで、立ち向かおうという元気が出るものです。

若い皆さんも、頑張るべき時は限界を超えて頑張り、逆境になったらその逆境をユーモアで笑い飛ばして頑張り抜きましょう。そうすれば明るい未来が待っていると、私は信じます。

２０１２年９月吉日

藤巻健史

［著者紹介］
藤巻健史（ふじまき　たけし）

1950年、東京生まれ。一橋大学商学部を卒業後、三井信託銀行に入行。80年に行費留学にてMBAを取得（米ノースウエスタン大学大学院・ケロッグスクール）。85年、米モルガン銀行入行。東京屈指のディーラーとしての実績を買われ、当時としては東京市場唯一の外銀日本人支店長に抜擢される。同行会長から「伝説のディーラー」のタイトルを贈られる。2000年に同行退行後は、世界的投資家ジョージ・ソロス氏のアドバイザーを務め、一橋大学で13年間、早稲田大学商学研究科で６年間、非常勤講師として半年間の授業を担当した。現在は、株式会社フジマキ・ジャパン代表取締役社長。東洋学園大学理事。2002年10月より８年間にわたり朝日新聞土曜版beで弟・幸夫と人気コラム「藤巻兄弟」を連載した後、現在では『週刊朝日』誌上で「案ずるよりフジマキに聞け」、『日経ヴェリタス』で「フジマキの法則」、「日経新聞電子版」で「カリスマの直言」を連載している。
Webページは http://www.fujimaki-japan.com/

経済のことはみんなマーケットで学んだ
外資で働き、金融で成功する法

第一刷　2012年10月31日

著　者　藤巻健史
発行者　岩渕 徹
発行所　株式会社徳間書店
〒105-8055　東京都港区芝大門2-2-1
電話　編集03-5403-4344　販売　048-451-5960
振替　00140-0-44392
カバー印刷　近代美術株式会社
印刷製本　中央精版印刷株式会社

ISBN978-4-19-863492-6